괜찮아, 군대는 처음이잖아

송지원 지음

괜찮아,
군대는 처음이잖아

내케북스

프롤로그
- 군대라는 여행 -

"군대는 두 번 다시 가고 싶지 않은 곳이야!"

군대에 갈 시기가 된 나에게 형이 했던 말이다. 형의 말에 나는 불안해지기 시작했다. '내가 군대에 가서 잘 적응할 수 있을까?'라는 생각과 함께 입대 전부터 지레 겁을 먹었던 거다.

대한민국 국적을 가진 남자라면 누구나 한 번은 군대 걱정을 하게 된다. 특히 20대 초반의, 신체검사에서 1~3급 현역 판정을 받은 남자들에게 군대는 더 큰 두려움 혹은 걱정으로 다가올 것이다.

예전에는 나도 가끔 내가 대한민국에서 태어난 것에 대한 불만을 품곤 했다. '왜 하필 대한민국에 태어나서 인생의 황금기라고 불리는 20대의 5분의 1을 군대에 바쳐야 하는가'라는 생각에서였다. 오죽 군대에 가기 싫었으면 '내가 차라리 미국에서 태어났으면 얼마나 좋았을까'하는 헛된 생각도 했다. 아직 군대에 다녀오지 않은 20대 초반의 남자 대부분은 나와 같은 생각을 할지도 모른다. 하지만 대한민국 남성으로 당당하게 살아나가려면 군대라는 관문은 어떤 방법으로라도 통과해야 한다.

어렸을 때부터 귀에 딱지가 앉도록 들어왔던 말이 있다.

"피할 수 없으면 즐겨라."

내가 공부하기 싫어할 때마다 부모님께서 해 주시던 말이다. 나는 '말은 쉽지'라며 받아들이지 않았는데, 시간이 지나 돌이켜 보니 틀린 말씀이 아니었다. 피할 수 없다면 즐기는 방법밖에는 대안이 없다. 군대 문제도 그렇다. 대한민국 국민인 남자가 군대를 피할 방법이 있을까? 아마 합법적으로는 없을 것이다. 그렇다면 우리에게는 즐기는 수밖에 다른 방법이 없다.

군대에 대한 블로그를 운영하면서 댓글과 쪽지로 수많은 질문과 고민을 접할 수 있었다. 그 때마다 이런 사람들의 걱정과 고민을 해소해줄만한 책이 있으면 좋겠다는 생각이 들었다. 그래서 군대 때문에 걱정하고 고민하는 사람들, 또 군대에 대해 더 알고 싶어하는 사람들에게 도움이 되고자하는 마음에서 이 책을 쓰게 되었다.

이 책은 입대 전부터 시작해서 전역하는 날까지, 내가 군 생활을 하면서 실제로 썼던 일기들을 바탕으로 구성되어 있다. 입대 전에 무엇을 준비해야 하고 훈련소의 시설은 어떻고 무엇을 하게 될 것인지에 대해 알아본다. 더 나아가 자대에는 어떤 제도가 있으며,

어떻게 생활하고 행동해야 하는 지에 대해 이등병, 일병, 상병, 병장 순으로 내가 실제로 겪었던 경험들을 토대로 알아볼 것이다. 에필로그에서는 스펙(SPEC)을 중요시하는 사회에서, 군대가 어떻게 스펙이 될 수 있는지에 대해서도 알아볼 것이다. 이 책을 읽고 나면 적어도 군대에 대한 두려움은 줄어들 것이라 믿는다.

힘들 줄만 알았던 군 생활, 역시 힘들었다. 하지만 그렇게 힘든 군 생활을 하면서도 배우는 것이 정말 많았다. 군 생활이 내 인생에 터닝 포인트가 되었다고 할 정도로 중요한 경험이었다. 많은 것을 배우고 느낄 수 있었고 좋은 사람들을 만나 좋은 경험을 할 수 있었다. 군대라는 경험을 통해 한층 더 성숙해진 나 자신을 만나고 앞으로 군대에 갈 사람들에게도 군대에서의 시간을 의미 있게 보냈으면 하는 마음으로 이 책을 썼다.

여행을 할 때 지도가 있는 것과 없는 것의 차이는 말로 표현할 수 없이 크다. 여행을 하는데 지도가 없다면 목적지를 찾아가는 데 많은 어려움이 있을 것이다. 하지만 지도가 있다면, 더 나아가 목적지에 다녀온 누군가가 가는 길과 찾아가는 방법 등을 자세히 적어 놓은 가이드북이 있다면, 그 여행은 분명 순조로운 여행이 될 것이다. 나는 이 책이 군 생활을 하는 데 지도의 역할을 해 줄 것이라고 확신한다.

물론 군대라는 조직이 워낙 크고 다양하다 보니 부대마다 차이는 있을 수 있다. 그래서 군대에 다녀온 다른 사람들의 도움을 받으며 최대한 객관적으로 쓰려고 노력했다. 그러니 이 책을 읽으면서 본인이 겪은 군대 생활과 차이가 있다 해도 너그럽게 이해해 주기 바란다. 그러한 차이에도 불구하고 이 책은 군 생활을 하는 누구에게나 큰 도움이 될 것이다.

마지막으로 내가 군 생활을 하는 동안 많은 것을 배울 수 있게 해 주신 우리 공병부 간부님들, 군대에서 만났던 소중한 인연들, 그리고 무엇보다 항상 힘이 되어주는 사랑하는 가족에게 깊은 감사를 표한다. 더불어 이 책이 나올 수 있도록 도와주신 니케북스의 이혜경 대표님과 글을 매끄럽게 잘 다듬어 주신 황인희 편집자님과 책을 만드는 데 크고 작은 도움을 주신 모든 분께 감사드리고, 나의 모든 군 생활에 함께하여 주시고 지켜주신 하나님께 모든 영광을 돌린다.

자, 그럼 이제 이 책을 지도 삼아 군 생활이라는 여행을 시작해 볼까요?

목차

프롤로그 - 군대라는 여행 5

제 1장
반드시 가야 한다

적절한 입대 시기는 언제일까 20

모집병(특기병)이란 어떤 것인가 22

준비물을 잘 챙기면 마음이 든든하다 26

입대 전 체크리스트 30

훈련소 입소 날 35

제 2장
드디어 입대 훈련소로!

훈련소의 구성은 어떻게 되어 있을까 42

기상에서 취침까지 47

훈련소 시설 54

훈련소 생활관의 모습 55

훈련소에서의 종교 활동 60

훈련소에서의 주말 혹은 공휴일 63

훈련소의 편지 64

훈련소에서의 개인 정비 시간 65

훈련소에서의 1주차 73

훈련소에서의 2주차 77

훈련소에서의 3주차 80

훈련소에서의 4주차 88

훈련소에서의 5주차 92

수료식과 첫 면회 96

제 3장	자대 생활이란? 105
나의 군 복무 장소인 자대로!	자대에서의 주말 생활 114
	군대에서의 근무 119
	군인의 월급 제도 122
	군대의 휴가 제도 126
	신병 위로 휴가 때 주의할 점 129
	군대의 계급 체계 134
	군대 계급에 대한 설명 136
	청소는 꼼꼼히 141
	자대에서 필요한 물품 145

제 4장	이등병의 하루 157
이렇게 하면 누구나 성공적 이등병	이등별 160
	이등병이면 이등병답게 166
	첫인상이 중요하다 168
	운동으로 선임들과 친해지기 172
	S급 신병 178
	S급 신병이 되는 방법 179
	군대에서 목표와 계획 세우기 188
	군대에서 세우는 목표 189
	목표를 달성하기 위한 계획 194
	군대에서의 시간 활용 197
	군대에서 배우는 좋은 습관 200

제 5장 살다보면 적응된다 일병

- 진정한 군 생활의 시작, 일병 211
- 자신의 일에 익숙해지자 214
- 후임들에게 잘해주자 218
- 후임에게 잘 해주는 방법 219
- 체계적인 운동을 시작하자 226
- 송 병장이 제안하는 운동법 227
- 특급 전사가 되기 위한 평가 과목 234
- 군 생활이 익숙해질 때를 조심하자 239

제 6장 전문가가 되다 상병

- 가장 중요한 계급, 상병 246
- 모든 게 지루해지는 시기, 나태해지지 말자 250
- 아직 늦지 않았다, 계획과 목표를 세우자 254
- 자신의 일에 스페셜리스트가 되자 256
- 겸손해지자 259

제 7장	분대장은 할 일이 많다 266
리더가 되자 분대장	분대장이 되는 방법과 절차 268
	분대장은 분대원들의 변호인이다 271
	분대장이 모범을 보여야 한다 274
	자신과 분대원들의 행동에 책임을 지자 277

제 8장	병장, 군 복무의 마지막 계급 283
계급장이 꽉 차다 병장	떨어지는 나뭇잎도 조심하라 287
	부사수를 잘 키우자 290
	첫인상 만큼 마지막 인상도 중요하다 293
	말년 휴가를 계획하라 295
	군 생활을 뒤돌아보며 불안감을 떨쳐라 298
	전문 하사라는 새로운 길도 있다 301
	군 생활을 함께해 준 사람들에게 감사를 표하자 305
	전역 후의 미래를 고민하자 309
	전역 전 체크리스트 310
	전역 315

에필로그 - 군대가 SPEC이다 318

제 1장

반드시 가야 한다

입대 전의 나날들

고등학교를 졸업하고 대학에 입학한 후 어느 날 문자를 하나 받았다. 신체검사 통지 문자였다. 언젠가는 가야 한다고 생각했지만 벌써 입대를 생각해야 하다니. 대한민국 남성이라면 반드시 신체검사를 받아야 한다고 했다. 병무청 홈페이지에 들어가 신체검사 신청을 하고 해당된 날짜와 시간에 병무청 병역판정검사장에 갔다. 병역판정검사장에는 내 또래로 보이는 사람이 많이 모여 있었다. 서로 말은 하지 않았지만 같은 고민을 가지고 있는 것만은 분명했다.

줄을 기다려 접수를 하고 자가문진표를 작성한 후 여러 검사를 받았다. 검사 전 환자복 같은 옷으로 갈아입는데 기분이 묘했다. 검사는 여러 가지였는데 가장 먼저 기본적인 신체검사(혈압, 시력, 신장(키), 혈액, 소변검사 등)를 진행했다. 서너 시간 정도 소요되었는데 다 끝나자마자 등급이 바로 정해졌다. 마음의 준비를 할 겨를도 없이 '1급' 판정이 나왔다. 신체검사를 받기 전에도 군대에 가야 한다는 생각은 했지만 막상 1급을 받으니 정말 곧 군대에 간다는 것이 실감나기 시작했다.

하지만 내 생각과 달리 군대는 나를 쉽게 받아주지 않았다. 2015년 겨울, 나는 친구들과 함께 PC방에서 카투사 지원 결과를 확인했다. 옆에 있던 친구는 카투사에 붙었지만 나는 안타깝게도 떨어졌다. 얼마 후 나는 또 PC방에 가서 입대를 지원했다. 하지만 빈자리가 없었다. 수많은 동기가 군대에 간 1년 동안 나는 군대에 가지 못하고 혼자 학교에 다니고 있었다. 이 시기 평균 군대 지원율은 10:1이었다. 더 이상 늦어서는 안 되겠다는 생각이 들었다. 방법을 총동원하여 군대에 갈 수 있는 길을 찾아보았다. 알아보니 대한민국에서 병역의 의무를 수행하는 방법은 내가 생각하던 것보다 더 많이 있었다. 응시했다가 떨어진 카투사는 물론, 육군,

해군, 공군, 의경, 해병대, 공익 근무, 산업체 근무 등. 이 중에 어떤 방법으로 군대에 갈지 알아보았다. 수많은 생각과 고민을 하던 중 우연히 인터넷에서 육군에 속해 있는 어학병에 대하여 알게 되었다.

좀 더 자세히 알아보니 어학병은 군대에서 영어를 주로 사용하고 통역과 번역 업무를 한다고 했다. 이에 매력을 느낀 나는 바로 결심을 하고 전형 방법을 알아보았다. 대학 입학과 같이 1차는 서류 심사, 2차는 통역·번역 시험으로 선발했다. 나는 중학교 때 미국에서 공부한 경험이 있어 영어에는 자신 있었기 때문에 바로 지원했다. 결국 서류 심사는 물론 2차 시험에도 합격할 수 있었다. 12월 중순에 시험을 보고 12월 24일 크리스마스 전날 오전 열 시에 카페에서 합격 여부를 기다렸다. 그리고 "[Web 발신] 송지완 님 어학병 합격 16-02-01 육군훈련소 입영통지서는 이메일에서 출력"이라는 문자를 받았다. 기분이 이상했다. 좋아해야 하는 건지, 아니면 슬퍼해야 하는 건지. '싱숭생숭'이란 표현을 이럴 때 쓰는 것이라는 생각이 들었다. 어학병에 합격한 후 입대하기 전까지 두 달 정도의 시간이 주어졌다. 나는 남은 시간 동안 무엇을 할지 고민하기 시작했다.

군대 지원 절차

신체검사 신청 ⇒ 신체검사 ⇒ 군대 지원 ⇒ 면접 / 실기(필요 시) ⇒ 입대
(www.mma.go.kr)

적절한 입대 시기는 언제일까

    군 입대를 앞두고 있는 많은 사람이 적절한 입대 시기가 언제인지 물어본다. 평균적으로 대학생들은 1학년을 마친 스물한 살에, 대학교에 다니지 않는 사람은 스무 살에 주로 입대한다. 이렇게 많은 사람이 20대 초반에 군대에 가는 경향이 있다. 대한민국 국민은 군대 문제를 빨리 끝내야 하는 하나의 숙제라고 생각하고 있기 때문이다. 나도 친구들과 비슷하게 스물한 살에 군대에 가려고 했지만 시기가 맞지 않아 스물두 살에 군대에 가게 되었다. 친구들은 이미 다 군대에 가 있었고 나만 늦어서 적응이 쉽지 않겠다고 생각했다. 하지만 막상 군대에 가 보니 정말 나이는 숫자에 불과했다. 나는 내가 나이가 많은 게 아닐까 걱정했지만 나와 같은 날 입대한 28세 형도 있었고 심지어 내가 분대에서 가장 어린 편에 속했다.

    그래서 군대 가는 시기는 자신의 형편에 맞춰 스스로 판단해야

한다. 적절한 입대 시기는 사람마다 다를 수밖에 없다. 다들 가니까 나도 간다는 식은 곤란하다. 군대에 늦게 간다고 해서 적응 못 하는 것도 아니고 일찍 간다고 해서 적응을 잘 하는 것도 아니다.

하지만 시기를 정할 때 고려해야 할 사항은 몇 가지 있다. 우선 대학교에 다니는 사람이라면 언제 복학할지를 결정하여 입대시기를 정하는 것이 중요하다. 전역 날짜를 추정하여 전역 후 복학까지 공백기가 얼마나 있는지 미리 계산해서 적절한 입대시기를 정해야 한다. 나의 경우 대학교 2학년을 마치고 2016년 2월 1일에 입대하여 2017년 10월 31일에 전역했다. 전역 후 복학까지 4개월 정도가 남아 있어 복학을 준비하는 데 시간이 충분했다.

학교에 다니지 않는 사람도 마찬가지이다. 전역 후 어떤 일을 하게 될지 생각해보고 그 일에 따라 전역 후 얼마만큼의 공백기가 있는지 계산하여 적절하게 입대시기를 판단하는 것이 현명하다.

결론적으로 말하면 입대시기가 중요한 것이 아니라 어떤 마음가짐을 가지고 입대하느냐가 중요하다. 공부를 하더라도 어떤 목표를 가지고 어떤 마음가짐으로 임하느냐에 따라 성적이 달라지는 것과 같다. 군대는 남자가 평생 한 번밖에 가지 못하는 곳이기 때문에 신중하게 생각하고 또 선택해야 한다. 그냥 가야 될 시기가 돼서 가고 또 주위에서 다 가니까 간다는 생각보다는 자신의 상황을 고려하고 또 자신이 가서 어떤 일을 할지 알아본 후에 입대를 결정해야 하는 것이다.

모집병(특기병)이란 어떤 것인가

군대에 가는 방법에는 크게 징집과 모집 두 가지 방법이 있다. 사전에 징집은 '현역에 복무할 의무를 부과하여 병역 의무자를 불러 모음'이라 나와 있다. 말 그대로 병역의 의무를 수행하도록 군대에서 부르는 것을 의미한다. 반면에 모집은 자신이 원하는 특기를 부여받아 입대 후 자신의 특기에 따라 자대를 배치 받고 군 생활 동안 그에 맞는 일을 하는 것을 말한다. 더 자세히 설명하자면 모집병은 개인의 적성에 따라 희망 분야의 특기를 받고 기본 교육과 병과 학교 교육을 받은 후 자대를 배치 받아 그 특기를 살릴 수 있는 자대에서 군 생활을 하는 것을 말한다. 내가 지원했던 어학병도 모집병의 한 종류였다. 그래서 나는 자대에서 주로 영어 통역, 번역과 같은 어학 관련 업무를 수행하게 되었다. 이 제도의 장점은 군대에서 자신이 관심 있고 하고 싶은 일을 할 수 있다는 점이다.

모집병의 종류는 다양하다. 특전병, 군악병, 속기병, 방송병 등 정말 생각지도 못한 많은 모집병의 종류가 있다. 이를 잘 활용하여 자신에게 맞고 흥미를 느끼는 특기를 찾아 군 생활을 한다면 그야말로 즐기면서 하는 군 생활이 가능할 것이다. 물론 모집 과정에서 시험이나 면접도 봐야 하는 번거로움이 있다. 하지만 자신이 하기 싫은 일을 하면서 군 복무 기간을 보내는 것보다 관심 있는 일, 혹은 자신이 하고 싶은 일을 하면서 보내는 것이 당연히 더 바람직할 것이다. 내가 군대에서 어학병으로 복무하면서 영어 능력을 향상시킬 수 있었던 것처럼 모집병 제도로 군대에 간다면 나중에 전역하고 나서도 남는 것이 많을 것이다.

어떤 일을 좋아서 하는 사람과 마지못해 하는 사람의 태도와 성과에는 큰 차이가 있다. 자신이 좋아하는 일을 하다 보면 그 일에 흥미를 느끼고 몰입할 수 있으며 하는 일들이 자발적이고 즐겁다. 그러므로 모집병으로 지원하여 자신이 하고 싶은 일을 할 수 있는 보직으로 입대한다면 분명 더 보람찬 군 생활을 할 수 있을 것이다.

입대 전날

군대 가기 전 여자친구를 사귀겠다는 나의 원대한 꿈은 결국 이루어지지 않았다. 입대 전 일주일은 친구들도 만나고 가족 친지들에게 인사를 드리느라 정신없이 보냈다. 군대에 다녀온 많은 선배, 그리고 어른들께서 하시는 말씀들은 거의 비슷했다.
"군대에서 다치지 않고 무사히 전역하는 게 가장 효도하는 거야."
물론 아직 군대에 가지 않아서인지 이 말이 마음에 와 닿지는 않는다. 입대가 하루 앞으로 다가오니 점점 마음이 불편해지고 불안해진다. 친구를 만나 웃고는 있었지만 군대에 가서 잘 적응할 수 있을지, 어떤 사람들을 만나게 될지 등 마음속은 온갖 걱정으로 가득 찼다. 입대 날짜가 정해졌다는 문자를 받은 것이 엊그제 같은데 벌써 입대가 하루 앞으로 다가왔다. 새삼 시간이 참 빠르다는 생각이 든다. 군 생활도 이렇게 빨리 지나갔으면 얼마나 좋을까.
입대 하루 전에는 무엇을 해야 하고 훈련소에 무엇을 가지고 가야 하는지 군대에 다녀온 학교 선배와 군대에 가 있는 친구들에게 조언을 구했다. 이들은 우선 SNS를 잘 관리해 줄 친구가 한 명 필요할 것이라고 조언해주었다. 내가 훈련소에 있는 동안 SNS 계정을 운영해주면서 편지를 쓰라고 주소도 올려주고 가끔 소식을 전해줄 사람이 꼭 필요하다고 했다. 그래서 나는 내 계정을 잘 관리해 줄 친구 한 명을 찾아 부탁했다. 또 준비물로 라이트 펜, 편지지, 우표, 감기약, 위장 크림 등 어디에 사용할지 감이 잡히지 않는 물건들을 준비하라고 말해주었다. 그래서 그런 것들도 사서 챙겨두었다. 이렇게 이것저것 정신없이 준비하다 보니 벌써 잘 시간이 되었다. 자기 전에 거울을 보다가 눈을 감았다. 눈을 뜨면 전역한 내가 보이기를 바라며…… 하지만 역시 그 바람은 이뤄지지 않았다. 내일 훈련소에서 어떻게 자고 있을지 상상하며 사회에서의 마지막 밤을 보낸다.

준비물을 잘 챙기면 마음이 든든하다

선배들의 조언대로 나는 라이트 펜, 편지지, 우표, 감기약, 위장 크림만 가지고 훈련소에 입소했다. 그런데 훈련소에 들어가 하루 이틀 생활하다 보니 필요한 것이 훨씬 많다는 것을 알게 되었다. 그래서 필요한 것이 있을 때마다 일기에 하나하나 적기 시작했다. 그 목록은 다음과 같다.

편지지 - 훈련소에서 편지지를 나누어 주지만 달라는 대로 무제한으로 제공하지는 않는다. 편지를 쓰는 일은 훈련소에서의 유일한 낙이다. 편지를 많이 쓰는 사람은 보급되는 편지지만으로는 분명 부족할 것이다. 그러므로 여분의 편지지를 가지고 갈 것을 권한다.

편지봉투 - 편지봉투는 훈련소에서 편지지보다 더 적게 준다. 그러므로 어느 정도 개인적으로 편지봉투를 더 준비할 필요가 있다.

우표 - 훈련소에서도 우표를 살 수는 있지만 기회가 적다. 더구나 초반에는 구매할 기회가 거의 없다. 그래서 우표를 미리 준비해 가기를 권한다.

각종 필기 도구 - 군대에서 정신 교육 시간에 필기도 해야 하고 편지도 써야 하기 때문에 기본적인 펜이나 연필 혹은 지우개 정도는 가지고 가는 것이 좋다. 네임펜을 가져가면 자신의 물품에 이름을 적는 데 유용하게 쓰일 것이다. 하지만 분실의 위험이 있기 때문에 너무 비싼 필기구는 가져가지 않는 것이 좋다.

라이트 펜 - 라이트 펜은 훈련소에서뿐만 아니라 자대에서도 유용하게 사용할 수 있는 중요한 물건이다. 말 그대로 라이트가 달려 있는 펜인데 나도 병장 때까지 근무를 서면서 유용하게 사용했다. 펜에 붙어 있는 라이트라 부실할 것 같지만 생각보다 튼튼하고 오래 사용할 수 있다. 훈련소에서 불침번 근무를 설 때나 밤에 모포를 덮고 편지를 쓸 때 유용하게 사용되니 하나쯤은 꼭 가져가는 것을 추천한다. 문구점에서 살 수 있다.

안대 - 군대에 가면 처음에는 취침등이라는 빛이 분명 잠을 방해할 것이다. 취침등이란 천장에 붙어 있는 노란색 혹은 초록색이나 빨간색 등인데 잠을 잘 때 인원 파악을 쉽게 하기 위해 켜 놓는 희미한 불빛을 말한다. 익숙해지면 그 불빛 아래서도 편히 잘 수 있겠지만 예민한 사람이라면 빛에 방해 받지 않고 푹 자기 위해 안대를 꼭 가져갈 것을 권한다.

이어 플러그(귀마개) - 훈련소에서 잠을 잘 때 가장 힘든 것은 코를 고는 소리이다. 같은 생활관을 쓰는 사람 중에 한두 명은 분명 있을 것이다. 지금 생각해도 끔찍한데, 이렇게 코를 고는 사람들 때문에 훈련소에서 잠을 자지 못하거나 잠에서 깨는 병사가 한둘이 아니다. 나도 그랬다. 코를 정말 크게 고는 사람들도 있는데 그런 상황을 대비해서 성능 좋은 이어 플러그 혹은 귀마개를 가지고 가면 훈련소 생활 초반에 큰 도움이 될 것이다. 혹시나 못 가지고 갔다 해도 3, 4주차에 사격을 할 때 이어 플러그를 나눠 줄 것이니 크게 걱정하지 않아도 된다. 그래도 3, 4주차까지 기다리는 것보다 미리 준비해 가면 분명 유용하게 쓰일 것이다.

면봉 - 면봉은 군대에서 총기를 손질하는 데 아주 유용하게 사용된다. 손이 들어갈 수 없는 미세한 부분들도 면봉을 사용하면 아주 잘 닦인다. 때문에 면봉을 일정량 가지고 들어가기를 권한다.

물티슈 - 물티슈는 군대에서 다양한 목적으로 사용된다. 특히 내무 검사(청소 상태를 확인하는 행위) 때나 위장을 지울 때 등 많은 용도로 쓸 수 있다. 일정량 휴대하고 가면 큰 도움이 될 것이다.

세면용품 - 훈련소에 입소하면 노란 비누 하나를 세면 도구로 받는다. 이 비누 하나로 머리를 포함한 온몸을 씻어야 한다. 그래서 샴푸, 클렌징 폼, 바디 워시를 사용하고 싶은 사람은 일정량 가지고 갈 것을 추천한다. 나도 처음에 가져가면 안 되는 줄 알고 안 가져가서 동기들의 부모님께서 소포로 보내주신 세면 도구들을 나누어 사용했다. 특히 피부가 민감한 사람은 세면용품을 자신의 피부에 맞는 것으로 소지하고 가는 것이 좋다. 피부가 건조한 사람은 로션이나 스킨, 바디 로션 등도 가지고 갈 것을 추천한다.

위장 크림 - 위장 크림은 야외 훈련할 때 사용한다. 훈련소에서 교육을 받으면서 자주 사용하며 자대에 가서도 훈련 시 종종 사용하게 될 것이다. 물론 훈련소에서 보급해주는 위장 크림이 있다. 하지만 사용해 본 결과 잘 지워지지도 않고 피부에도 좋지 않았다. 그래서 사회에서 파는 위장 크림을 사용할 것을 추천한다. 위장 크림은 화장품 매장에서 쉽게 구입할 수 있고 그렇게 비싸지도 않다.

선크림 - 선크림은 자외선을 차단하는 데 도움을 준다. 직사광선을 받으면 피부에 안 좋다고 하는데 군대에서는 야외 활동을 많이 하기 때문에 선크림을 바르고 훈련에 나가는 것이 좋다.

손목 시계 - 군인에게는 시간을 지키는 것이 매우 중요하다. 군인은 시계가 없는 야외에서 활동하는 경우가 많은데 손목 시계가 없으면 시간을 볼 수 없어 많이 불편하다. 손목 시계가 있으면 근무를 설 때도 도움이 된다. 사회에서 쓰던 좋은 시계보다는 비교적 값이 싼 군용 시계를 하나 장만해서 간다면 군 생활 동안 유용하게 쓸 수 있다.

※ 이 리스트는 논산 육군훈련소에서 훈련을 받은 나의 주관적인 생각을 쓴 것이며 훈련소마다 사정이 조금씩 다를 수 있다.

입대 전 체크리스트

1. 가족, 친척, 친구들에게 입대를 알렸는가?

입대하기 전 가족, 친척, 친구들에게 꼭 입대를 알리자. 입대를 하면 사회에 있을 때보다 상대적으로 연락을 자주 하지 못하게 된다. 전화할 시간도 별로 없을 뿐더러 일과가 끝나면 지치기 때문에 시간이 지날수록 연락을 더 소홀히 하게 마련이다. 군대에서는 연락을 잘 하지 못하니 나중에 지속적으로 깊은 인간 관계를 맺고 싶은 사람이 있다면 입대 전 미리 연락을 하고 시간이 된다면 식사라도 같이 하면 좋을 것이다. 나름 친하다고 생각했던 친척이나 친구가 말도 없이 군대에 갔음을 알게 되면 상당히 섭섭해 할 것이다. 그러므로 입대 전 지인들에게 꼭 연락하고 가능하면 편지도 써주면 좋겠다고 부탁하는 것이 좋다.

2. 준비물들은 다 챙겼는가?

위 준비물들이 없다면 훈련소에서 남의 것을 빌려 써야 하기 때문에 상당히 불편할 수 있다. 여행을 가는데 기본적인 짐은 챙겨가야 불편함이 없지 않겠는가. 위에서 언급한 준비물들을 잘 챙겼는지 한 번 더 확인해보자.

3. SNS 계정 관리를 맡겼는가?

사회에서는 누군가 입대하면 정말 친한 사이가 아닌 이상 하루 이틀 사이에 기억에서 사라지게 마련이다. 그렇기 때문에 당신의 SNS에 주소를 올려주면 누군가가 그제서야 생각이 나서 당신에게 편지를 보낼 것이다. 내가 군대에 갔을 때도 계정을 잘 관리해준 친구 덕분에 편지를 많이 받고 이로 인해 정신적으로 힘든 훈련소 생활을 견딜 수 있었다. 군대에서 훈련병들이 가장 받고 싶어하는 것이 편지라고 해도 과언이 아닐 정도로 편지는 군인들에게 힘이 된다. 이렇게 힘이 되는 편지를 받고 싶다면 자신의 SNS를 잘 관리해줄 사람을 찾아 맡기도록 하자.

4. 입대 일정은 잘 숙지하고 있는가?

정말 입대에 관심이 없지 않은 이상 군 입대 날짜, 시간, 장소를 잊기는 쉽지 않을 것이다. 그래도 혹시 모르니 입대 전날 그 시간에 그 장소로 가는 것이 맞는지 한번 더 확인해보도록 하자. 또한 어떤 수단으로 가는지, 몇 시간이 걸릴지 한 번 더 확인해보

자. 당일 기분도 별로 좋지 않을 텐데 찾아가느라 헤매기까지 한다면 정말 기분 안 좋은 입대 날로 기억될 것이다. 그러므로 한번만 더 확인해보자.

5. 휴대폰은 정지했는가?

병사들은 군대에서 휴대폰을 사용할 수 없다. 그렇기 때문에 군대에 있는 동안 휴대폰 요금을 내지 않기 위해 휴대폰을 정지해야 한다. 이를 군 정지라고 하는데 통신사마다 군 정지 플랜이 따로 있다. 그러니 자신의 통신사는 어떤 군 정지 플랜이 있는지 알아보고 정지 신청을 해야 한다. 군 정지 플랜은 군 생활 동안 휴가나 외출 외박을 나갈 때 잠시 풀었다가 다시 정지할 수 있는 제도이다. 이를 신청하기 위해서는 입대를 확인하는 증명서(영장)를 소지하고 대리점에 가거나 해당 콜센터에 전화하면 된다.

6. 휴학 신청은 했는가?

학교에 다니는 사람이라면 꼭 휴학 신청을 해야 한다. 군 휴학을 하여 군 복무 기간 학교에서 당신을 찾는 일이 없도록 하자.

입대 D-day

알람을 맞추어놓은 것도 아닌데 아침 일곱 시가 되니까 저절로 눈이 떠졌다. 어제 밤에는 생각이 많아 잠을 제대로 자지 못했는데 군대 가는 날이라 그런지 저절로 눈이 떠졌다. 나는 항상 그래왔다. 다음 날에 시험이 있거나 중요한 약속 혹은 일정이 있을 때는 항상 알람보다 일찍 일어난다. 오늘 같은 날은 계속 꿈속에만 있었으면 좋았을 걸……. 하지만 내 몸은 중요한 일정에 반응하여 일찍감치 눈을 뜨게 만들었다.

간단하게 샤워를 하고 아침을 먹고 짐을 챙겨 가족과 함께 차를 타고 논산으로 달렸다. 이런저런 이야기를 하며 가다 보니 금방 논산에 도착했다. 가는 길에 있는 '육군훈련소 전방 000m'라는 표지판을 보니 입대하는 것이 실감나기 시작했다. 오후 두 시에 입소식이 예정되어 있었다. 열두 시에 도착해서 훈련소 근처 식당에 주차를 하고 밥을 먹고 걸어서 훈련소로 들어갔다. 식당에도, 훈련소 밖에도, 훈련소 안에도 나처럼 오늘 입대를 하는, 머리를 빡빡 깎고 부모님 손을 잡고 온 사람들로 붐볐다. 그래도 나 혼자 입대하는 것이 아니라 이렇게 많은 사람이 같이 입대한다는 사실을 위안으로 삼았다.

특히 내가 입대한 2016년 2월 1일은 가수 이승기가 같이 입대하는 날이었다. 그 때문인지 훈련소 안팎에 사람이 엄청 많았고 입소식을 하는 연병장은 더욱 북적거렸다. 연병장은 군대에서 군인들을 훈련하기 위해 병영 내에 마련한 운동장을 일컫는 말이다. 두 시가 되기 전까지 부모님과 이야기를 나누고 친구들에게 전화로 작별 인사도 했다. 한 시 50분이 되자 방송으로 입대 장병들을 부르기 시작했다. 순간 도망치고 싶었지만 여기까지 와서 도망칠 수는 없었다. 그래서 부모님께 인사드리고 사랑한다 말씀드리고 안아드리고 더 미련이 남기 전에 가족 품을 떠나 재빨리 연병장으로 내려갔다.

훈련소 입소 날

 아마 입대하기 전 스마트폰 애플리케이션으로 D-Day를 설정해 놓는 사람이 적지 않을 것이다. 물론 나도 입대 전 스마트폰 애플리케이션으로 D-Day를 계산했었다. 슬픈 현실은 D-숫자가 얼마나 많이 남았는지에 상관없이 D-Day는 반드시 온다는 것이다. 그리고 D-Day 아침에는 내가 그랬던 것처럼 일어나고 싶지 않아도 일어나게 될 것이다. 아마 전날 집에서부터 훈련소까지의 거리를 파악해 놓았을 것이며, 어떻게 갈지도 파악되어 있을 것이다. 훈련소 위치와 입소식 시간 등은 입영통지서에 자세히 적혀 있다.

 훈련소에는 최소 한 시간 전에 도착하는 것을 추천한다. 늦게 가는 것보다는 조금 일찍 가는 편이 낫다. 그리고 훈련소 앞에 식당이 많이 있을 것인데 그 식당에서 식사를 하고 가는 것도 좋은 방법이다. 많은 사람이 머리를 짧게 자르고 가야한다고 생각하는데 꼭 그럴 필요는 없다. 입대 후 훈련소에서도 잘라주고 어차피 훈련소에서 여러 번 자르게 될 것이기 때문이다. 하지만 대부분 자르고 가기 때문에 긴 머리로 가면 눈길을 끌 수도 있다.

 또한 입대 날 입소식을 하는데 입소하는 훈련소가 논산 육군 훈련소라면, 되도록이면 훈련소 안으로 차를 가지고 들어가지 않는 것이 좋다. 나는 훈련소 부근 식당에 주차를 한 후 점심을 먹고 입소식에 참여했다. 입소식이 그렇게 길지도 않기 때문에 굳이 훈련소 내에 주차할 필요가 없다. 훈련소 안에는 주차 공간이 좁은데 들어가려는 차가 많아서 차를 들어오는 대로 넣어버린다. 그래서 먼저 들어간 차는 앞의 차들이 나갈 때까지 기다려야 한다. 그러면 혼잡할 뿐 아니라 부모님께서 집으로 돌아가시는 시간이 지체될 수 있다. 부모님께서 입소식 후 편하게 귀가하실 수 있게 차는 되도록 훈련소 밖에 주차할 것을 권한다.

" 고등학교를 졸업하고 대학에 입학한 후 어느 날 문자를 하나 받았다. 신체검사 통지 문자였다. 언젠가는 가야 한다고 생각했지만 벌써 입대를 생각해야 하다니…….

제 2장

드디어 입대
- 훈련소로!

입대 첫날

입소 행사를 마친 후 입영 장병들은 모집병과 징집병으로 나뉘었다. 입소식 때 공손하게 웃으며 존댓말을 쓰던 조교들의 말투와 태도가 돌변했다. 나는 어학병으로 모집병이었기 때문에 모집병들이 모인 곳으로 갔다. 분류 후 생활관으로 들어가 서류를 작성하고 침낭을 배부 받았다. 생활관은 군대에서 병사들이 잠을 자며 생활하는 공간이다. 그 후 강당에 가서 보급품을 받기 위한 신체 치수를 쟀다. 시간이 꽤 오래 걸렸다. 입소 인원이 많았기 때문에 측정하는 데도 오래 기다려야 했고 내가 측정이 끝난 후에도 소대가 다 같이 움직여야 했기 때문에 오랜 시간 더 기다려야 했다. 이 시간이 정말 지루했고 정신적으로 힘들었다.

훈련소에서 처음 배운 것은 제식이라는 것이었다. 제식 중에서도 바른걸음이라는 것을 배웠는데 왼발부터 디디면서 "왼발! 왼발!"이라고 구호를 외치며 걷는 걸음이었다. 이렇게 바른걸음으로 걸어서 식당으로 가서 군대에서의 첫 식사를 했다. 맛은 그냥 보통

이었다. 하지만 배가 고팠기 때문에 최대한 많이 먹었다.

식사 후에는 생활관으로 복귀해서 보급품을 배급받았다. 보급품으로는 신발, 슬리퍼, 팬티, 런닝, 체육복, 방상 외피, 방상 내피 등이 있었다. 그리고 우리를 담당하는 행정보급관이라는 분이 와서 이것저것 해야 할 것, 하지 말아야 할 것 등을 설명해줬다. 세 명이 전우조를 이뤄 함께 다녀야 하는 규칙도 있었고 단체 생활이라 하지 못하는 제약이 너무나도 많았다. 저녁 점호라는 형식적인 보고를 하고 매트리스를 깔고 모포를 펴고 침낭으로 들어가 취침 준비를 했다. 준비가 다 되어 소등을 하고 나니 천장에 뭔지 모를 빨간 불(취침등)이 비치는 것이 보였다. 이 희미한 빛 때문에 눈을 감아도 빛이 느껴졌고 이 때문에 잠들기가 더욱 더 힘들었다. 또한 양 옆에 누운 전우들의 코고는 소리도 쉽게 잠들지 못하게 하는 데 한몫을 했다. 이렇게 나의 훈련소에서의 하루가 끝났다. 앞으로 내가 이 생활에 잘 적응할 수 있을지 걱정이 되기도 한다.

훈련소의 구성은 어떻게 되어 있을까

 훈련소는 자대에 배치되어 실질적인 임무를 수행하기에 앞서 먼저 기초 군사 훈련을 받는 곳이다. 가장 대표적으로는 논산에 있는 육군훈련소를 들 수 있다. 육군훈련소는 대한민국에 있는 훈련소 중 가장 규모가 큰 훈련소이다. 육군훈련소 외에도 사단별로 사단 신병 교육대(이하 신교대)가 있다. 훈련을 받지 않고서는 군인이 될 수 없기 때문에 입대하면 누구나 거쳐 가는 곳이 바로 이 훈련소이다.

 훈련소의 교육은 5주 동안 진행된다. 첫 주차에 정신 교육으로 시작하여 5주차에 있는 행군과 수료식까지, 다소 길어 보일 수 있는 5주이다. 하지만 이 5주는 이후 펼쳐질 군 생활에 비하면 그저 짧은 기간일 뿐이다. 훈련소를 거친 수많은 사람이 하는 말이 있다. 훈련소에서의 첫 3일 동안은 군 생활을 통틀어 시간이 가장 느리게 간다는 말이다. 나는 이 말에 전적으로 동의한다.

 훈련소에서의 첫 3일에는 시간이 정말 느리게 간다. 그 이유는 아무것도 하지 않기 때문이다. 첫 3일 동안은 훈련병이 군대에 적응할 수 있는지 파악하기 위해 신체검사와 정신검사 등을 받게 되는데 이 과정에서 군 생활에 적합하지 않은 사람들은 퇴소하기도 한다. 이때 사람이 많다 보니 하는 것 없이 지루하게 대기하는 시간이 많다. 초반에는 옆 훈련병과도 어색하여 말을 섞기도 힘들기 때문에 대부분의 시간을 그냥 혼자 멍하게 보낸다. 이 과정이 3일 정도 걸린다. 이 시기만 잘 견디면 그 이후부터는 새로운 것들을 배우며 지루하지는 않을 것이다.

각 신교대 혹은 훈련소에서는 매주 수많은 훈련병이 수료하고 있다. 군인이 되기 위해서는 누구나 거쳐야 하는 훈련소, 당당한 남자가 되기 위해서는 꼭 거쳐야 하는 관문이다.

입대 다음날

"빠빠 빠빠빠빠 빠빠라바빠 빠빠라바빠 빠빠빠빠 빠빠라바~"

"훈련병들 기상, 침낭 개고, 모포 접고, 전투복 입고 점호 집합 준비합니다."

06시 30분, 기상 나팔이 울렸다. 열 시부터 여섯 시 반까지, 여덟 시간 정도를 잤지만 새로운 잠자리에서 잠을 자서인지 집에서 잔 것처럼 개운하지는 않았다. 아침에 일어나 침구류를 정리하고 처음으로 아침 점호라는 것을 받았다. 아직 겨울이라 그런지 밖에 나가서 애국가를 부르고 체조를 하니 얼굴과 손이 얼어붙을 것만 같았다. 왜 이렇게 추운 날씨에도 점호를 밖에서 하는지에 대한 의문이 들었다. 아침 점호 후 식사를 하러 식당으로 갔다. 추운 아침 점호 후 따뜻한 밥을 먹어서인지는 모르겠지만 맛있었다.

막사로 돌아와 세면을 하고 신체검사를 받으러 어느 건물로 갔다. 갈 때마다 훈련소 조교가 동행하며 걸음걸이를 맞추며 걸었다. 갈 때마다 "왼발! 왼발!"이라고 외치면 우리도 따라서 "왼발!

왼발!"이라고 하면서 발을 맞추었다. 신체검사를 하는 곳으로 가서 시력, 혈액, 소변 검사 등을 하고 뇌수막염과 MMR 예방 접종을 받았다. 이 과정도 시간이 정말 오래 걸렸다. 검사를 받는 장병이 많을 뿐만 아니라 검사를 해주는 분이 많지 않았기 때문에 기다리는 시간이 길었다. 그래서 많이 지루했다. 저녁 식사 후 자치근무제라 해서 훈련병들을 대표하는 분대장 훈련병, 소대장 훈련병, 중대장 훈련병을 뽑았다. 이는 조장 같은 역할을 한다고 한다. 소대장 혹은 중대장 훈련병의 직책을 잘 수행하면 수료식 때 훈련소장님 혹은 사단장님께 표창도 받을 수 있다고 한다.

나는 분대장 훈련병이 되었다. 이후 담당 구역이 정해져 청소를 하기 시작했다. 우리의 첫 담당 구역은 화장실이었다. 훈련소에서는 항상 20시에 청소를 한다. 이때 분대별로 정해진 담당 구역 청소를 하게 되는데 그 중 가장 힘든 곳이 화장실이다. 화장실은 냄새가 날 뿐만 아니라 막힌 변기를 뚫어야 하는 고역을 치러야

해서 누구나 청소를 기피하는 구역이다. 처음이라 어떻게 할 지 몰라 그냥 막힌 변기를 뚫고 물을 뿌려 깨끗하게 청소했다. 이후 저녁 점호 후 취침 시간에 처음으로 불침번이란 근무를 섰다. 불침번이란 병사들끼리 돌아가며 한 시간 반씩 분대의 생활관 앞에 서서 훈련병들이 잠을 잘 자고 있는지 확인하는 근무이다. 불침번은 야간에 병사들을 화장실에 데려다 주며 5분 단위로 화장실에 잘 있는지 확인하는 역할도 한다. 이러한 불침번 근무가 앞으로 격일로, 즉 이틀에 한 번씩 있을 것이라는 말을 듣고 깜짝 놀랐다. 내 첫 불침번 근무는 22:00~23:30까지였지만 그 다음에는 새벽 세 시에 할 수도 있고 새벽 다섯 시에 할 수도 있다는 얘기를 듣고 앞으로 군 생활이 쉽지만은 않겠다고 직감했다. 근무가 끝난 23시 30분에 남들이 다 자고 있는데 내 후번 근무자를 깨워 교대하고 빨간 불 밑에서 코 고는 소리와 함께 잠들었다.

기상에서 취침까지

 훈련소에서 기상에서 취침까지 전반적으로 어떻게 생활하는지에 대해서는 나의 일기를 통해 알아볼 수 있을 것이다. 군대에서 하는 활동들에 대해 더 자세히 알아보도록 하겠다.

 기상 - 군대에서는 매일 아침 06시 30분에 일어난다. 이 시간이 되면 기상 나팔 소리와 함께 일어나라는 조교의 목소리가 들릴 것이다. 자리에서 일어나면 바로 침구류를 정리하고 전투복을 입고 15분 안에 점호 받을 준비를 끝내야 한다. 이는 넉넉한 시간이 아니기 때문에 훈련소에서는 매일 아침 정신없이 움직이게 된다.

 아침 점호 - 군대에서는 매일 아침 점호를 취한다. 점호의 주목적은 인원 파악을 하는 것인데 아침 점호는 비가 오지 않는 이상 밖에서 하는 것을 원칙으로 한다. 날이 좋으면 상관없겠지만 추운 날씨에는 점호를 받는 것이 정말 고통스러울 수 있다. 아침 점호 때는 인원 파악 후 애국가 제창, 조국 기도문 낭독, 도수 체조, 뜀걸음 등을 한다.

 저녁 점호 - 저녁 점호는 생활관 안에서 취하게 되는데 인원 파악, 생활관 청소 상태 확인, 두발 및 청결 검사 등을 한다. 실내에서 하기 때문에 비교적 편하지만 청소 상태나 생활관 청결 상태가 불량하면 다시 해야 하거나 혼나기 때문에 점호를 받기 전 청소 상태에 신경 써야 한다.

체력 단련 - 군대에서는 매일 아침, 그리고 일과 후 체력 단련을 한다. 체력 단련을 위해 보통 뜀걸음을 하는데 아침과 오후에 각각 2~3km씩 뛴다.

식사 - 군대에서는 아침, 점심, 저녁 세 끼가 제공된다. 식당은 막사에 있지 않고 다른 곳에 따로 위치해 있다. 훈련소에서는 보통 식사를 하러 가면서 제식이나 군가를 배우게 된다.

개인 정비 시간(자유 시간) - 군대에서는 자유 시간을 개인 정비 시간이라고 부르는데, 훈련소에서는 아마 이 시간이 별로 없을 것이다. 설령 있다 해도 조교들의 통제를 받아 움직이고 조교들은 사소한 일에도 간섭을 한다. 개인 정비 시간에도 청소 등 조교가 시키는 이런 저런 일들을 해야 한다. 개인 정비 시간이 주어진다면, 이 시간에는 보통 편지를 쓰거나 분대원들과 이야기를 하며 지낸다.

교육 - 훈련소에서는 오전 교육과 오후 교육으로 나뉘어 군대에서 필요한 기본 과목들에 대한 교육이 이루어진다. 이 시간에 실내 교육인 정신 교육, 인성 교육과 실외 교육인 제식, 경계, 구급법, 화생방, 각개전투, 사격, 행군 등이 실시된다.

야간 교육 - 훈련소에서는 영상으로 먼저 예습한 후 다음 날 실습하는 식의 교육 방법을 활용하고 있다. 야간 교육에서는 다음 날 하게 될 것을 미리 영상으로 배우게 된다.

소나기 작성 - 소나기란 '소중한 나의 일기'의 줄임말로, 일기를 말한다. 군대에서 일기를 쓰면 시간도 잘 가고 나중에 읽어 보았을 때 의미 있을 것이기 때문에 훈련소에서부터 꾸준히 일기 쓸 것을 권장한다.

청소 - 청소 시간에는 담당 구역 및 생활관을 청소하게 된다. 청소를 하면서 분대원들과 친해질 수 있을 것이다.

취침 준비 및 취침 - 22시가 되면 침구류를 펴고 취침에 들어간다. 야간에 불침번 근무가 있는 인원들은 근무자 교육을 간단하게 받고 취침을 한다.

불침번 근무 - 불침번은 군대에서의 근무 형태 중 하나이다. 불침번은 야간에 한 시간 반에서 두 시간 정도 서서 취침 인원을 파악하고 환자 파악 및 근무자를 깨우는 역할을 수행한다. 나는 처음 군대에 왔을 때 근무라는 것이 있는지도 몰랐다. 그래서 불침번을 처음 서게 되었을 때 아무것도 하지 않고 남들이 자는 모습만을 지켜보는 것이 괴로웠다. 특히 초번조(22시의 야간 첫 근무)일 때는 괜찮았지만 자다가 중간에 깨서 근무를 서야 하는 경우에는 정말 힘들었다. 잠과 싸워야 하고 지루함을 참아내야 했기 때문이다. 불침번은 이렇게 번거로운 일이지만 군대에서 없어서는 안 되는 근무 중 하나이다. 입대 첫날 취침 중 누군가 와서 깨워도 놀라지 마라. 앞으로 남은 군 생활 동안 수도 없이 하게 될 것이니 불침번 근무에 빨리 익숙해질수록 좋다.

훈련소의 하루

06:30 기상

06:55~07:40 아침 점호 / 체력 단련

07:40~09:00 세면 / 청소 / 아침 식사

09:00~09:20 교육 준비 / 교육장 이동

09:20~12:30 오전 교육

12:30~13:50 점심 식사

13:50~17:00 오후 교육

17:00~17:20 교보재 반납 / 청소

17:20~18:00 체력 단련 / 귀영

18:00~20:00 저녁 식사 / 개인 정비 시간

20:00~20:30 생활관 및 담당 구역 청소

20:30~21:10 소나기(일기) 작성

21:10~21:30 점호 준비

21:30~21:50 저녁 점호

21:50~22:00 취침 준비

22:00~ 취침 / 불침번 근무

입대 후 3일째 날

내가 생활할 막사를 처음 보았을 때, 나는 지금이 1990년대인 줄로 착각할 뻔했다. 허름한 건물, 낡은 시설, 녹슨 관물대, 차가운 물만 나오는 세면대, 허름한 재질의 나무로 된 마루. 2016년의 모습이라고 믿어지지 않을 정도였다. 나는 군대 막사가 다 이런 줄 알았다. 허름한 건물 안에서 한 방에 열 명 정도가 마룻바닥에 매트리스를 깔고 잤다. 천장에서는 불길한 기운의 취침등이라는 붉은색 등이 우릴 내려다보고 있었다.

생활관 한가운데에는 철제로 된 3단 빨래 걸이가 있었다. 빨래는 당연히 재래식으로 손빨래를 해야 했다. 2016년에 군대에서 손빨래라니……. 믿을 수 없었지만 손으로라도 빨래를 할 수 있다는 것에 감사를 느끼게 된다. 화장실은 매일 청소를 해도 깨끗한 느낌이 들지 않으며 샤워를 할 때는 막사 밖에 따로 있는 샤워장에 가서 씻어야 한다. 내가 마음 내키는 대로 원하는 시간에 씻을 수 있는 것도 아니고 꼭 조교의 통제를 받아 정해진 시간에 하루에 한 번 씻을 수 있다. 샤워장에 가서도 우리가 원하는 만큼 씻을 수 있는 것이 아니라 조교가 정해주는 시간 내에 씻고 나와야 한다. 복도에는 전화기가 놓여 있었지만 전화는 조교와 간부의 허락 없이는 손도 댈 수 없었다(특별한 날이 아니고서는 사용할 수 없었다).
아, 그러나 인간은 적응하는 동물이라 하지 않았던가. 이 막사에 내가 적응하는 날이 오겠지. 그때는 아마도 훈련소 수료를 코앞에 둔 때일 것 같다는 불길한 생각이 들었다.

훈련소 시설

막사란 군인들이 주둔하는 건물을 말한다. 쉽게 말해 군인들이 생활하는 곳이다. 훈련소에 처음 입소하면 막사가 정해지고 이에 따른 생활관을 배정받는다. 정해진 막사와 생활관에서 5주 동안 지내게 되는데 논산 육군훈련소에는 구 막사와 신 막사가 있다. 구 막사는 아주 오래 전부터 사용해온 막사이며 신 막사는 비교적 최근에 새로 지은 막사를 말한다. 당연히 누구나 신 막사에서 훈련소 생활을 하고 싶다. 하지만 이는 하고 싶다고 선택할 수 있는 것이 아니다. 논산 육군훈련소가 아닌 다른 사단 훈련소는 아마 대부분 구 막사를 사용할 것이다.

내게 배정된 막사는 안타깝게도 구 막사였는데 역시 시설이 많이 열악했다. 일기에 쓴 것과 같이 허름한 건물에 샤워장도 야외에 있어 샤워를 하러 가려면 신발을 신고 가서 샤워를 하고 다시 신발을 신고 돌아와야 했다. 화장실도 그다지 깨끗하지 않았다. 얼마 생활하고 나니 익숙해져 괜찮아졌지만 처음에는 이 막사에 적응하는 게 힘들었다. 신 막사에서 생활했던 동기들의 이야기를 들어보니 침상도 온돌이고 샤워장도 안에 있고 뜨거운 물도 잘 나오는 등 시설이 괜찮았다고 한다. 이처럼 막사별로 차이가 있을 수 있다는 것만 알아두자. 어떤 막사에 배정받든지 간에 5주만 버티면 된다. 그러므로 훈련소 막사에 크게 연연해 할 필요는 없다.

훈련소 생활관의 모습

훈련소에서는 아마 침상형 생활관을 이용하게 될 것이다. 생활관에서 관물대 하나씩을 배정받고 잘 때는 매트리스를 깔고 잔다. 계절별로 포단 혹은 모포를 깔고 모포 혹은 침낭을 덮고 잔다. 빨래는 수시로 하는데 생활관 안에 있는 빨래걸이나 천장에 매달아 놓은 줄에 널어 말린다. 내가 훈련소에 있을 때는 보급 받은 빨랫비누로 손빨래를 해야 했다. 시간이 지나도 이 방식이 얼마나 바뀔지는 모르겠다. 자대에서는 세탁기를 사용할 수도 있는데 훈련소에서만은 아마 계속 손빨래를 하게 될 것같다.

훈련소 생활관에서 내가 미처 예상하지 못했던 것은 바로 '취침등'이었다. 취침등은 야간에 인원 파악을 용이하게 하기 위해 생활관별로 흐릿하게 켜 놓은 등을 말한다. 부대별로 이 등의 색깔이 다른데 내가 있던 훈련소의 등은 하필 섬뜩하게도 빨간색이었다. 몸이 피곤한 날에는 빨간색 등이 있음에도 불구하고 쉽게 잠이 들었지만 가끔은 어둠에 눈이 적응해서 눈을 감아도 빨간 불이 비쳤기 때문에 잠을 설친 적도 있었다.

훈련소 생활 중 가장 불편했던 것은 자는 곳(막사)과 샤워하는 곳이 떨어져 있는 것이었다. 샤워를 하려면 밖으로 나가야 했는데 내가 입대한 시기가 겨울이어서 샤워하러 가기까지가 너무 추웠던 기억이 아직도 생생하다. 또한 가끔 따뜻한 물이 나오지 않아서 찬 물로 샤워를 했던 기억도 있다. 샤워장 시설은 훈련소마다, 또 교육 연대마다 다를 수 있다.

훈련소 막사에는 공중전화기는 있지만 마음대로 전화할 수는 없다. 훈련소에서는 정기적으로 전화를 하게 해주지 않고 무언가를 잘 하면 포상의 일환으로 전화를 하게 해준다. 전화를 한다 해도 길게 못하고 기껏 해야 3분밖에 주지 않기 때문에 시간이 턱없이 부족하다. 훈련소에서 만약 전화를 하게 된다면 첫 번째 전화는 항상 걱정하고 계시는 부모님께 하는 게 좋다.

6일째 날

훈련소에서 처음 맞이하는 주말, 토요일이다. 군대에 오기 전부터 군대에서는 주말에 무엇을 하는지 항상 궁금했었다. 군대에서 주말은 훈련과 일정이 없고 쉰다고 한다. 그런데 훈련소에서는 쉴 때도 누워 있지 못하고 앉아 있어야 했으며 조교가 잡다한 일을 시키는 경우가 많아 편하게 있을 수만은 없었다. 그나마 주말 아침에는 평일보다 30분 늦게 일곱 시에 일어난다는 것이 좋았다. 아침 점호를 마치고 식당에 가서 식사를 하고 돌아오니 강당에서 〈그래비티〉 영화를 틀어주었다. 이후 두 시부터 네 시까지 불을 끄고 매트리스를 펴고 낮잠을 잘 수 있게 해주었다. 오후 네 시에는 칼같이 일어나 다시 개인 정비 시간을 가지며 편지를 좀 쓰고 저녁을 먹고 씻고 청소하고 취침 준비를 했다. 군대에서 보낸 첫 주말이었는데 생각보다 아무것도 하지 않아서 놀랐다. 오늘은 벌써 세 번째 불침번 근무를 하게 된다. 새벽에 일어나야하기 때문에 일찍 잠을 청했다.

7일째 날

오늘은 종교 활동이 있는 일요일이다. 나는 어렸을 때부터 교회에 다녔기 때문에 어제 종교 활동 조사를 할 때 교회 갈 것을 희망했다. 교회 규모는 웅장했고 안에는 이미 수많은 훈련병이 있었다. 오전 열 시에 연무대교회(논산훈련소 기독교 종교 시설)에 들어서자마자 노래와 함성이 흘러나오며 병사들이 껑충껑충 뛰며 노래를 부르고 있었다.

두 팔로 자신의 머리를 쳐가며 뛰며 노래를 했고, 찬양에 맞추어 군대 용어를 사용해서 중간 중간에 구령도 넣었다. 수많은 사람과 함께 한 뜨거운 열기가 아직도 잊히지 않는다. 찬양 후 말씀을 듣고, 가나파이 두 개와 사이다 하나를 받았다. 초코파이일 줄 알았는데 가나파이를 받아 좀 의아하긴 했지만 훈련소에서 파이의 상표는 전혀 중요하지 않았다. 그저 초콜릿만 묻어 있으면 다 좋았다.

가나파이와 사이다를 주머니에 소중히 넣고 조교 인솔 하에 막사로 복귀했다. 복귀 후 점심을 먹고 가나파이와 사이다를 먹었는데, 그 맛을 비유하자면 사막에서 열흘 만에 처음으로 오아시스에서 물을 마시는 것과 같은 맛이었다. 두 개로는 부족한 감이 있지만 다음 주를 기다릴 수밖에. 가나파이를 먹으면서 입대 전에 본 영상 하나가 생각났다. 한글 말하기 대회에서 한 미군이 "눈물 젖은 초코파이 드셔 보셨습니까!"라고 말하는 영상이었다. 눈물 젖은 초코파이가 어떤 느낌인지 비로소 공감할 수 있었다. 종교 활동 이후 점심을 먹고 또 영화 〈캡틴 아메리카〉를 봤다. 이미 한 번 본 영화라 내용은 알고 있었지만 그래도 또 보니까 재미있었다. 이후 저녁을 먹고 오후 종교 활동에 갔다. 오전에 정말 재미있어서 오후에도 교회를 선택하고 갔다. 오전 종교 활동은 다 가야 하지만 오후 종교 활동은 선택적으로 갈 수 있다고 했다. 오후에는 D-Angel이라는 3인조 여성 그룹이 게스트로 공연을 해서 즐거운 종교 활동 시간이 되었다.

훈련소에서의 종교 활동

 군대에서도 종교의 자유가 보장되어 있기 때문에 일요일마다 희망자는 종교 활동을 할 수 있다. 훈련소에 시설이 있는 대표적인 종교는 기독교, 천주교, 불교, 원불교이다. 일주일 동안 땀 흘리며 열심히 훈련한 병사들에게 일요일의 종교 활동과 달달한 가나파이는 다음 한 주를 시작할 수 있게 만들어주는 활력소 같은 역할을 한다. 아마 훈련소에 가면 종교가 없더라도 주말에는 종교 활동을 하고 싶어질 것이다. 훈련소에서는 종교가 없는 훈련병도 대부분 종교를 하나 선택해서 해당 시설에 간다. 여러 종교 중 하나를 선택해서 가야 하는데 한 번씩 다 가서 분위기를 보는 방법도 추천한다.

 대부분의 훈련병이 종교 활동을 가는 가장 큰 이유는 바로 간식을 받기 위해서일 것이다. 종교 활동을 하면 초코파이 혹은 가나파이 두 개와 탄산 음료(사이다 혹은 콜라)를 주는데 훈련소에서는 따로 간식을 먹지 못하다 보니 이 간식들은 정말 귀하다. 훈련소에 갔다 오지 않은 사람이라면 "어떻게 초코파이 두 개 때문에 종교 활동에 가겠어"라고 할 수도 있겠지만 실제로 가보면 초코파이 한 개가 생각도 하지 못한 가격에 거래되는 것을 목격할 수 있을 것이다.

8일째 날

오늘은 설날이다. 군대에서 공휴일은 주말과 같이 훈련 없이 쉰다고 한다. 일곱 시에 일어나서 점호를 받고 차례를 지내러 강당으로 갔다. 나는 교회에 다니기 때문에 차례에 참여하지 않고 뒤에 서 있었다. 이후 아침을 먹으러 식당에 갔는데 설날이라 그런지 맛있는 떡만둣국이 나왔다. 아침을 먹고 또 강당에 가서 〈매드맥스〉라는 영화를 봤다. 영화가 끝나고 나니 어느새 열두 시가 되었다. 식당에 가서 점심을 먹고 돌아오니 중대장님과 간담회가 있다고 해서 다시 강당으로 갔다. 중대장님은 서른 살로 ROTC 출신 장교였다. 이런저런 군 생활 이야기를 해주시고 북한에 대해서도 이야기하며 한 시간 동안 간담회를 진행했다.

이후 샤워를 할 수 있게 해줘서 샤워장에 가서 개운하게 씻고 왔다. 설날인 만큼 연대장님 지시로 모든 병사에게 전화를 하게 해준다고 하여 기대에 부푼 마음으로 내 순서를 기다렸다. 한 사람당 3분의 시간밖에 주지 않았다. 시간은 부족했지만 3분도 통화를 못하는 것보다는 훨씬 나았다. 군대에 온 이후 7일만의 첫 전화 통화였는데 가슴이 설레고 떨렸다. 집에 전화를 하니 설날이라 그런지 온 가족이 모여 있었다. 엄마의 목소리를 듣자마자 가슴이 찡했다. 책을 읽을 때의 3분은 매우 길었는데 전화할 때의 3분은 체감상 0.3초와도 같았다. 그래도 부모님의 목소리를 들을 수 있어서 좋았다. 이후 저녁을 먹고 청소를 하고 점호 후 취침을 했다.

훈련소에서의 주말 혹은 공휴일

훈련소에서의 주말은 대부분 개인 정비 시간으로 보내게 된다. 자대에서는 주말에 편하게 있으며 자신이 하고 싶은 운동도 하고 책도 읽고 낮잠도 잘 수 있다. 하지만 훈련소에서는 조교들의 통제 하에 있기 때문에 누워 있지도 못하고 편하게 쉬지도 못한다. 훈련소에서는 벽에 몸을 기대고 있어도 안 되고 누워 있어도 안 되며 개인적인 행동을 해서도 안 된다.

주말에는 정규 기상 시간인 06시 30분이 아닌 일곱 시에 일어난다. 일어나 점호 후 아침을 먹고 별 다른 일이 없으면 쉴 수 있게 해준다. 공휴일도 주말과 동일하다. 내가 훈련소에 있는 동안 설날이 끼어 있었기 때문에 주말 이후에도 월요일, 화요일, 수요일 3일 동안 더 쉴 수 있었다. 이때 훈련소에서는 대부분 영화를 보여준다. 영화도 보고, 개인 정비 시간도 많이 받고 낮잠 시간도 갖는 등 토요일부터 수요일까지 긴 연휴를 보낼 수 있다. 또한 추석이나 설 같은 명절의 공휴일에는 특식으로 빵, 과자, 음료수 등이 제공된다.

대체적으로 주말에는 별다른 훈련을 하지 않는다. 다만 혹시 다른 사정으로 하지 못한 밀린 교육이 있다면 주말에 보충을 하기도 한다. 이 외에는 훈련소에서도 주말에는 대체로 쉰다고 생각하면 된다. 그중에 일요일 오전 혹은 오후에는 종교 활동을 하며 시간을 보낼 수 있다.

훈련소의 편지

　훈련소로 전달되는 편지에는 인터넷 편지와 손 편지가 있다. 인터넷 편지는 요즘 보편적으로 사용하는 가장 대표적인 방식이다. 가족이나 친구들이 훈련소 홈페이지에 들어가 이메일처럼 쓰면 훈련소에서 그 내용을 인쇄해서 밤마다 훈련병들에게 나누어 준다. 요즘은 인터넷 접근이 간편하기 때문에 많은 훈련병의 가족과 지인들이 이 방법을 주로 사용한다. 또 하나의 방법은 손 편지다. 인터넷이 잘 발달되지 않았던 불과 몇 십 년 전까지만 해도 군대에서는 손 편지만을 주고받았다. 손 편지는 말 그대로 손으로 직접 써서 보내준 편지이다. 물론 훈련소에서 인터넷 편지를 받아도 기분 좋지만 훈련병들은 손 편지를 더 좋아한다. 손 편지에는 작성자의 정성이 묻어 있기 때문이다. 손 편지 봉투에는 지정된 훈련소 주소에 "0연대 0중대 0소대 0분대 000번 훈련병 000"이라 쓰고 우표를 붙여 보내면 된다.

　훈련병들에게 편지 한 통 한 통은 정말 큰 힘이 된다. 외부와 차단이 된 상황에서 힘들게 훈련을 하고 왔는데 밤에 편지가 와 있으면 그보다 더 힘이 되는 것은 없다. 훈련소에서 생활하면서 밖에서는 정말 별 일이 아니라고 귀찮아했던 편지의 소중함을 느낄 수 있다.

훈련소에서 저녁에 편지를 나누어 주던 때가 기억난다. 저녁이 되면 모두가 오늘은 누구에게 편지를 받을 수 있을까 기대감에 들뜬다. 그리고 편지를 받은 사람은 기쁨을 감출 수 없었지만 편지를 한 통도 못 받은 사람은 실망감과 함께 그날 자기 전까지 풀이 죽어 있었다. 쓰는 사람에게는 10분, 20분이 걸리는 귀찮은 일일지 모르지만 받는 훈련병에게는 그보다 훨씬 큰 가치가 있다. 사소한 편지 한 통이 훈련병에게는 정말 큰 힘이 된다.

훈련소에서의 개인 정비 시간

훈련소에서는 통제가 있긴 하지만 개인 정비 시간이 있다. 개인 정비 시간이란 두발 정리, 손톱 발톱 정리, 장구류 확인, 관물대 정리, 개인 휴식 등을 하는 시간을 말하는데 쉽게 군대에서의 쉬는 시간 및 자유 시간 정도로 생각하면 된다. 훈련소에서는 할 수 있는 것들이 한정되어 있기 때문에 TV도 볼 수 있고 운동도 할 수 있고 책도 읽을 수 있는 자대의 개인 정비 시간에 비하면 제약이 많다. 그렇다면 훈련소에서 개인 정비 시간에 무엇을 하는지 좀 더 자세히 알아보도록 하겠다.

편지 쓰기 - 군인이 되면 대부분 생각이 단순해진다. 훈련소에서 훈련하고 돌아와 힘들 때 편지 한 통이면 위로를 받고 피로가 싹 사라진다. 대부분의 훈련병은 사랑하는 가족, 보고 싶은 친구들에게 답장을 바라며 개인 정비 시간에 편지를 쓴다. 편지가 오면 답장을 하고, 편지가 오지 않아도 편지가 오기를 바라며 개인 정비 시간마다 편지를 쓰곤 한다. 아마 훈련소에서 개인 정비 시간에 가장 많이 하는 일이 바로 편지 쓰기일 것이다.

일기 쓰기 - 훈련소에서는 일기를 쓰는 병사가 상당히 많다. 처음 입대를 하면 '소중한 나의 일기'라는 일기장을 하나씩 받는다. 그리고 훈련소에서는 매일매일 이 일기장에 자신의 하루를 기록할 수 있는 시간을 준다. 이 일기가 하루하루 쌓이다 보면 자신의 훈련소 스토리가 만들어지고 이것이 추억으로 남게 된다. 나 또한 이 책을 쓰면서 내가 그 당시 썼던 일기장을 많이 참조할 수 있었다. 일기를 쓰다 보면 생각도 정리되고 글 쓰는 실력도 향상된다. 개인 정비 시간에 자신의 하루를 되돌아보며 후에 추억으로 남을 일기를 쓰면 좋을 것이다.

맨몸 운동 - 운동을 좋아하는 사람은 하루라도 운동을 하지 않으면 온몸이 뻐근하다. 내가 그랬다. 이런 사람들은 생활관에서 맨몸 운동을 한다. 체력단련장을 이용할 수 있으면 좋겠지만 훈련병 신분으로는 체력단련장은 커녕 연병장조차 마음대로 이용할 수 없다. 그래서 개인 정비 시간에 훈련병이 할 수 있는 운동은 생활관에서 하는 팔굽혀펴기, 윗몸일으키기밖에 없다. 땀이 났을 때 마음대로 샤워할 수 없기 때문에 이 운동은 샤워하기 직전에 하는 것이 좋다.

병 기본 공부 - 훈련소에서는 병 기본 평가들을 한다. 이 병 기본 평가에는 정신 교육 평가 등 다양한 과목이 있으며 구술 시험을 보기도 한다. 이러한 병 기본 평가들을 통과하지 못하면 주말에도 계속 시험을 봐야 해서 상당히 번거롭다. 그래서 훈련병들은 개인 정비 시간을 활용하여 병 기본 과목들을 공부하기도 한다.

생활관 동료들과의 대화 - 개인 정비 시간에 무엇보다 재미있는 것은 생활관 사람들과 대화하는 것이다. 같은 생활관에서 5주 동안 같이 지내는 동료들과 이런 저런 이야기를 나누면서 많이 친해질 수 있다. 각자 살아온 지역도, 배경도 다르기 때문에 생활관에서 남의 이야기를 듣고 나의 이야기를 하는 동안 시간이 금방 갈 것이다. 자신이 어떻게 살아왔고 누구를 만났으며 어떻게 살고 있는지 등을 공유하다 보면 훈련소를 수료할 무렵엔 서로에 대해 깊이 알게 된다. 이렇게 개인 정비 시간을 활용하여 이야기하며 전우애를 싹 틔울 수 있다.

9일째 날

일과가 끝나니 조교가 좋은 소식이 있다고 다들 모이라고 했다. 우리는 좋은 소식이 뭔지 궁금해서 단숨에 집합했다.

"너희에게 편지 왔다."

이 말을 듣자마자 우리 모두 환호성을 질렀다. 뛰는 가슴을 진정시키며 누구에게 편지가 왔을지 상상했다. 조교는 편지의 주인을 한 명씩 호명했다. 편지 더미의 반이 없어졌는데 내 이름이 불리지 않자 조금씩 불안해지기 시작했다. "송지완" 드디어 내 이름이 나왔다. 안도의 한숨이 쉬어졌다. "112번 훈련병 송지완"이라고 힘차게 외치며 뛰어나가 편지를 받았다. 가족과 친구에게서 온 인터넷 편지를 프린트한 것이었다. 처음 편지를 받고 신기했다. A4용지 반 사이즈에 부모님께서 쓰신 편지의 내용들이 고스란히 담겨 있었다.

나는 편지를 두 통 받았는데 안타깝게 한 통도 못 받은 친구도 있었다. 그들은 표정이 밝아 보이지 않았다. 편지를 받고 보니 편지

한 통에 이렇게 기분이 좋아질 수 있다는 사실을 비로소 알게 되었다. 편지 한 통의 힘이 군인들에게는 정말 크다는 것을 느꼈다. 이럴 줄 알았으면 나보다 먼저 입대한 군인 친구들에게 편지를 자주 써줄 걸 하는 생각도 했다. 일기를 쓰고 있는 지금까지도 기분이 좋다. 일기를 다 쓰고 부모님과 친구에게 고맙다고 편지를 써야겠다.

10일째 날

오늘은 일과가 끝나고 개인 정비 시간이 꽤 많이 주어졌다. 항상 조교들이 그 시간에 이런 저런 일들을 시켰는데 막상 실제로 개인 정비 시간을 주니까 무엇을 해야 할지 몰랐다. 우선 밀린 빨래부터 했다. 전우조와 같이 세면대에 가서 빨래를 했다. 이후에 생활관으로 돌아와 간이 책상을 펴고 생각나는 사람들에게 편지를 쓰기 시작했다. 편지를 쓰는 게 여기서 내 유일한 낙이다. 편지를 다 쓰고 나서도 시간이 남았다. 30분 뒤에 씻으러 간다고 하기에 팔굽혀펴기와 윗몸일으키기를 했다. 내가 운동을 하니까 생활관에 있는 동기들도 같이 운동을 하기 시작했다. 같이 하니 더 즐겁게 할 수 있었고 시간도 금방 갔다. 그런 다음 씻고 저녁을 먹고 돌아와서 일기를 쓰고 있다. 일기를 쓰면서 오늘 하루를 되돌아보고 내가 오늘 잘 한 일과 못 한 일을 적는다. 오늘은 대체적으로 잘 한 것 같다. 점호 전까지 생활관 사람들과 청소를 하고 이야기하며 하루를 마무리 했다.

12일째 날

이제는 군대 매트리스에도 적응되고 군대에서의 생활에 익숙해진 것 같다. 아침 점호를 하고 아침을 먹으러 식당에 가면서 '전우'라는 군가를 배웠다. 아침을 먹고 막사에 돌아오니 A형 간염 주사와 파상풍 주사를 맞아야 한다고 해서 예방 접종을 받고 좀 쉬다가 점심을 먹었다. 식당에서 내가 좋아하는 가수 이승기를 만났다. 이승기는 옆 중대에 있었는데 지나가면서 마주치니 웃으면서 인사를 잘 받아주었다. 용기를 내서 팬이라고 말을 걸었더니 나에게 멕시코 사람처럼 생겼다며 좋은 자대로 갈 것이라고 덕담을 해 주었다. 연예인과 직접 이야기 한 것은 처음이었는데 신기하고 좋았다.

점심을 먹고 강당으로 가서 소대장님이 진행하는 정신 교육을 받았다. 정신 교육은 두 차례에 걸쳐 이루어졌는데 첫 시간에는 군법을 배웠고 두 번째 시간에는 군 계급에 대해 배웠다. 정신 교육을 받으며 하루를 보내는 건 재미가 없어서인지 시간이 정말 느리게 갔다. 기회는 많지 않지만 중간 중간에 발표를 잘 하면 전화를 할 수 있게 해주었다.

지루했던 정신 교육이 끝나고 드디어 저녁 시간이 왔다. 저녁으로 '군대리아'가 나왔다. 나에게는 처음이었다. 군대리아는 '군대+롯데리아'의 합성어로 군대에서 나오는 햄버거를 말한다. 오늘 메뉴는 새우버거였는데 햄버거 빵, 새우 패티, 새우버거 소스, 샐러드, 달걀, 잼, 시리얼, 우유 등이 나왔다. 처음 먹어보는 군대리아라 신기해서 달걀도 으깨고 샐러드도 넣고 잼도 바르고 수제버거 느낌으로 맛있게 만들어 먹었다. 군대리아라는 단어가 왜 생겼는지 알 것 같았다. 이번 주를 통틀어 가장 만족하며 맛있게 먹은 저녁이었다. 저녁 식사 후 샤워를 했다. 이후 저녁 점호를 받고 취침이다. 좀 자다가 새벽에 불침번 근무가 있다.

훈련소에서의 1주차

 군 입대를 하면서 훈련소의 1주차가 시작된다. 우선 입대 후 3일간은 해당 병사가 군대에 있는 것이 적합한지를 알아보기 위해 다시 한번 신체검사를 진행한다. 이때 3일 동안은 입소 대대라고 불리는 곳에서 따로 생활하다가 4일차에 실제 훈련을 받게 될 훈련소 교육 연대로 이동한다. 이 기간 군 복무에 부적합한 사람들은 퇴소하기도 한다. 신체검사 때 측정했던 치수로 보급품도 받고 사회에서 입던 옷을 다 싸서 집으로 소포로 보내고 군대에서 보급해주는 것만 사용하게 된다.

 4일차에 가는 교육 연대에서 1주차에는 대부분 정신 교육을 받는다. 정신 교육에서는 군대 문화의 특성과 의의, 군대 예절, 군인 복무 규율 등을 배운다. 군대에 익숙하지 않은 병사들을 위해 군대에 대해 알려주는, 군대에 익숙해지게 하는 시간이라고 생각하면 된다. 교육을 받으면서 조를 나누어 토의를 하고 발표를 하는데 질문에 대답을 잘하면 전화를 할 수 있는 기회를 주기도 한다. 하지만 정신 교육 시간은 대부분 지루하고 재미가 없다. 잠은 오는데 뒤에 조교의 매서운 눈초리가 있기 때문에 잘 수도 없고 시간도 잘 안가는 등 정신 교육 시간은 지루함의 연속일 것이다.

 이처럼 훈련소에서의 1주차는 별 다른 일을 하지 않고 대부분 수동적으로 따라가면 되는 활동들을 하게 된다. 이때가 가장 지루한 시기이다. 새로운 환경에서 기다리는 시간도 많고 들어야 하는 정보도 많기 때문에 훈련소 기간 중 가장 힘들게 느껴질 수도 있다. 하지만 원래 무엇이든지 처음 접하는 것은 힘든 법이다. 이 시기가 지나면 군대에 이미 많이 적응한 자신을 발견할 수 있을 것이다.

14일째 날

여섯 시 반에 일어났다. 어제 새벽에 근무를 서서 그런지 많이 피곤했다. 점호 후 아침을 먹고 간단한 세면 후 바로 강의실로 이동했다. 한 여성 장교분이 오셔서 대한민국 정통성과 역사, 북한의 실상 등에 대해 가르쳐주셨다. 조원들끼리 토의를 하며 발표하는 시간도 있었다. 발표를 잘 하면 전화를 할 수 있게 해 주었는데 나는 기회를 얻지 못했다. 기회를 얻은 사람들이 몹시 부러웠다. 이후 점심을 먹고 다시 큰 강당에 가서 교육을 받았다. 2주차도 1주차와 마찬가지로 주로 정신 교육을 진행한다고 한다. 상당히 지루하고 졸렸지만 눈을 감으면 조교들에게 혼이 났기 때문에 졸지도 못하고 계속해서 강제로 강의를 들어야 했다. 중간에 막사 앞에 모여 분대 사진과 개인 사진도 찍었다.

오후 교육이 끝나고 활동복으로 갈아입고 체력 측정을 했다. 팔굽혀펴기, 윗몸일으키기는 생활관에서 조교들의 감독 하에 진행하였고 1.5km 달리기는 훈련소 연병장 옆 코스에서 진행했다. 체력에는 특급부터 1급~6급까지의 급수가 있었다. 가장 높은 단계인 특급의 기준은 팔굽혀펴기 72개 이상, 윗몸일으키기 82개 이상, 3km 달리기 12분 30초 이하, 1.5km 달리기 5분 48초 이하였다. 이후 씻고 식사 후 청소를 하고 저녁 점호 후 취침을 했다.

훈련소에서의 2주차

 훈련소에서는 2주차에도 1주차에 이어 정신 교육이 진행된다. 아울러 군 기본 지식, 안보관, 국가관 등 군인의 갖추어야 하는 소양들에 대해서 교육받는다. 2주차에는 그래도 군대에 좀 익숙해져서 편하게 교육받을 수 있다.

 이렇게 지루하고도 힘든 정신 교육의 기간이 끝나면 제식 훈련을 하게 된다. 제식 훈련이란 군인으로서 갖추어야 할 자세를 배우는 훈련이다. 제식에는 경례부터 시작해서 좌향좌, 우향우, 뒤로 돌아 같은 동작들과 큰걸음과 바른걸음 같은 보행 요령들, 그리고 총을 사용해서 제식을 하는 집총 제식까지 다양한 내용이 있다. 이때 실내에서든 야외에서든 같은 동작을 수도 없이 반복하게 된다. 반복하면서 익히고 숙달해서 "좌향좌" 했을 때 헷갈리지 않고 왼쪽으로 정확하게 돌 수 있을 때까지 질리도록 연습하게 된다.

 2주차 때는 이렇게 정신 교육을 받고 군인의 기본 자세인 제식 훈련을 하면서 점점 군인에 가까워진다. 정신 교육은 여전히 졸립고 피곤할 것이며 제식 훈련은 헷갈리기도 하고 같은 동작을 여러 번 해서 몸이 뻐근할 것이다. 3주차부터는 총을 사용하게 되고 본격적인 야외 훈련에 돌입하게 된다. 2주차 때는 빨리 야외 훈련을 하고 싶겠지만 막상 3주차가 되어 야외 훈련을 하면 1,2주차가 그리워질 것이다.

22일째 날

훈련소에서 첫 야외 훈련이 있었다. 어제 10kg짜리 군장을 싸고 취침을 했는데 오늘 이 군장을 메고 3km 정도를 걸어서 경계교육장이라는 곳으로 갔다. 논산 육군훈련소의 안 좋은 점은 훈련장이 멀리 떨어져 있다는 것이다. 훈련을 하러 갈 때면 항상 군장을 메고 평균 3km 이상을 걸어가야 한다. 훈련장에 가는 길에 민간 구역을 지나갔다. 집도 있고 초등학교도 있다. 처음에는 별로 힘들다고 생각되지 않았다. 방독면을 다리에 차고 총을 어깨에 걸고 군장을 메고 있었는데도 그렇게 힘들지 않았다. 하지만 훈련을 마치고 돌아오는 길은 갈 때의 두 배 정도의 거리를 걷는 것처럼 정말 힘들었다.

야외에서는 경계 수업을 했는데 적이 나타났을 때 상황을 설명하는 보고 요령과 적을 발견했을 때 적을 무장 해제시키고 항복을 유도하는 수하 요령에 대해 배우고 실습해 보았다. 추운 날씨에 땀을 흘려 몸이 으슬으슬했다. 훈련 이후 내려와 씻고 나서야 한기가 가셨다. 저녁을 먹고 나서는 내일 할 개인 화기 CBT(교육영상)를 보고 청소 후 취침에 들어갔다. 어제는 우리 생활관 인원 한 명이 코를 심하게 골아 잠들기 힘들었다. 오늘은 그가 코를 골기 전에 내가 더 빨리 잠들어야겠다.

훈련소에서의 3주차

 훈련소에서 3주차부터는 야외 훈련을 진행한다. 야외 훈련에는 병 기본 과목인 경계, 구급법, 화생방 등이 있으며 실제 소총 사격 전 사격 자세와 조준하는 법 등을 연습하는 사격술 예비훈련을 하게 된다.

 첫 번째로 구급법을 배운다. 구급법이란 응급으로 하는 모든 의료 행위를 말한다. 군대에서는 주로 심폐소생술을 가르치는데 심폐소생술의 절차부터 시작해서 자동제세동기(AED) 사용법까지 배우고 실습을 한다. 이 외에도 골절된 팔을 고정시키는 부목법, 지혈법, 운반법 등을 배운다.

 병 기본 과목 중 가장 중요한 경계도 3주차에 배운다. 경계는 초병의 임무로서 지정된 장소를 지키는 것을 의미하는데 훈련 시간에는 경계 근무에서 필요한 상황별 대처 방법에 대해서 배우는 것이다. 적이 나타났을 때 보고하는 요령이라든지, 적군을 식별하기 위해 사용되는 수하 방법 등 경계 상황에서 대처하는 방법들에 대해서 배우게 된다.

 또한 화생방 상황을 대비하는 훈련인 화생방 교육을 받는다. 화생방 훈련에서는 방독면 사용 방법과 해독제 사용 방법을 배우며 화생방 보호의를 입는 실습과 가스실에서 실제로 방독면

성능을 시험하기도 한다. 대부분의 사람이 화생방 훈련 하면 가스실을 생각한다. 예전에는 가스실에서 방독면을 벗고 노래까지 부르게 했다는데 지금은 방독면에서 정화통을 제거했다가 다시 닫고 바로 나온다. 이때 가스를 마신 사람들은 침부터 눈물과 콧물 등을 제어하지 못하고 줄줄 흘리는 경험을 한다. 가스실에서 나온 뒤에는 가스가 몸에 아직 묻어 있을 수 있기 때문에 눈이나 몸 등을 비비면 안 된다. 화생방 훈련은 두 번은 경험하고 싶지 않은 훈련이 될 것이다.

3주차의 후반에는 사격술 예비 훈련이라는 것을 한다. 사격술 예비 훈련(PRI: Preliminary Rifle Instruction)이란 사격 전 사격 요령을 습득하는 훈련이다. 4주차가 되면 영점 사격과 실거리 사격을 하게 되는데 이에 대비하기 위한 훈련이라고 생각하면 된다. 사격술 예비 훈련에서 조준 요령, 호흡 조절 요령, 격발 요령 등 사격에서 이용되는 다양한 요령들을 습득하게 된다. 실제 사격이 진행되면 긴장되고 떨리기 때문에 당황할 수 있다. 그 때문에 생기는 사고를 방지하기 위해 사격술 예비 훈련을 열심히 해서 자세와 요령에 익숙해질 필요가 있다.

이처럼 3주차에는 다양한 야외 훈련을 경험할 수 있다. 2주차 때 그렇게 하고 싶었던 훈련들이지만 막상 해보면 몸이 지치고 많이 피곤할 것이다. 하지만 3주차가 되었다면 이제 훈련소 생활의 반 이상을 한 것이다. 수료식 날을 생각하며 힘을 내자.

25일째 날

"탕탕탕!"

"징~~~~"

귀를 울리는 소리와 손에서 느껴지는 반동의 전율이 아직도 잊히지 않는다. 오늘은 영점 사격을 하는 날이었다. 영점 사격이란 사격 시 조준한 지점에 정확히 맞출 수 있게 총의 영점을 잡는 사격을 말한다. 준비할 일이 많아 바쁘게 움직여야 했기 때문에 아침에 10분 정도 일찍 일어났다. 아침 점호를 간단히 마치고 아침을 먹었다. 돌아와서는 총기를 꺼내고 영점 사격을 하러 갔다. 영점사격장은 영외에 있었기 때문에 30분 정도를 걸어서 가야 했다. 훈련소 밖으로 나와 산으로 올라갔다. 옆에 있는 동기와 이야기를 하며 갔기 때문에 금방 쉽게 갈 수 있었다. 올라가서 다시 한 번 주의 사항을 듣고 이어 플러그를 끼고 사로에 올라갔다. 총을 처음 쏴 보는 터라 떨림 반 기대 반이었다.

긴장을 해서 그런지 사로에 올라가서부터는 주위의 말도 잘 들리지 않고 좀 떨렸다. 하지만 처음 한 발을 쏜 이후부터는 긴장도 풀리고 괜찮아졌다. 소리와 반동이 생각보다 좀 컸지만 견딜만했다. 또 한 발을 쏜 이후에는 더 쏴 보고 싶어질 정도였다. 영점 사격에서는 세 발을 쐈다. 그리고 합격/불합격이 나뉘었고 불합격을 받은 훈련병들은 한 번 더 쏘게 되었다. 나는 불합격을 받아 한 번 더 쏴볼 수 있었다.

점심은 병영 식당에서 음식을 가져와서 야외에서 먹었다. 긴장감이 넘치는 사격 후 먹는 점심은 꿀맛이었다. 점심을 먹고 재사격을 마치고나니 오후 다섯 시 정도가 되었다. 정리하고 막사로 내려와 씻고 저녁을 먹었다. 저녁에는 총기 손질 시간을 가졌다. 조교는 총기를 잘 손질해주어야 총알이 잘 나간다고 했다. 사격을 하고 나면 총기가 더러워지기 때문에 항상 손질을 해 주어야 한다고 강조하고 총기 손질 팁을 알려주었다. 그런 다음 다른 날들과 같이 청소 후 점호를 하고 취침에 들어갔다.

29일째 날

벌써 군대에서 한 달 정도의 시간이 지났다. 수료식 날짜가 조금씩 가까워지는 것이 실감난다. 오늘은 20분 정도 일찍 일어났다. 당일 큰 규모의 훈련이 있으면 준비 시간을 넉넉하게 가지기 위해 항상 일찍 일어나곤 한다. 오늘은 여덟 시 20분에 기록 사격을 하러 가기 때문에 일찍 일어나야 했다. 기록 사격이란 실사격이라고도 하는데 올라오는 표적들을 시간 안에 맞추어 기록하는 방식의 사격이다. 아침 점호 후 아침을 서둘러 먹고 돌아와 바로 총기를 꺼내 사격장으로 갔다. 사격장으로 가는 데 걸어서 20분 정도 걸렸다. 가자마자 우리는 사로별로 나뉘어 사격을 시작했다. 사격을 시작하려는데 하필 눈이 오기 시작했다. 눈이 정말 많이 와서 쌓였지만 사격은 예정대로 진행되었다.

기록 사격은 서서 열 발, 엎드려서 열 발을 쏘게 되어 있다. 사로별로 표적을 맞췄는데도 표적이 안 넘어가는 고장난 사로가 꽤 많았다. 나는 제일 먼저 사격을 하고 그 후 옆에서 다른 사람들이 사격하는 것을 도와주었다. 날씨가 정말 춥고 손이 너무 시렸다. 손이 얼어붙을 것만 같아 빨리 막사로 가서 쉬고 싶었다. 하지만 오늘은 야간 사격도 예정이 되어 있었다. 야간사격은 어두워졌을 때 아무것도 안 보이는 상황에서 사격 연습하는 것을 말한다. 불을 끄고 총을 쏘니 총기에서 나오는 불빛밖에 보이지 않았다. 아무것도 보이지 않으니 당연히 타깃을 맞추는 것이 쉽지 않았다. 타깃을 맞추는 것에 의의를 두는 것이 아니라 야간에 사격을 해 보는 것에 의의를 두었다. 정말 추웠지만 늦게까지 하고 정리 후 내려와서 따뜻하게 샤워를 하고 잤다. 오늘은 너무 힘든 날이었다.

34일째 날

각개전투를 배우고 야외에서 숙영을 하는 날이다. 아침 일찍 일어나 군장을 결속했다. 침낭을 원래의 반으로 접고 그 안에 전투복, 세면백 등 숙영에 필요한 물품들을 넣어 군장을 싸고 식사 후 숙영지로 이동했다. 군장은 원래 무거웠는데 텐트를 치는 데 필요한 물품들을 추가로 넣어 가야 해서 더 무거워졌다. 이 군장을 메고 한 시간 반 정도를 걸어서 각개전투교장으로 갔다. 도착하자마자 조금 쉬고 바로 텐트 치는 방법에 대한 설명을 듣고 실제로 텐트를 쳐 보았다. 우리가 만드는 텐트는 A형 텐트였는데 여럿이 같이 만드니까 생각보다 쉽고 간단했다.

한 텐트에 세 명이 자는데 세 명이 들어가 보니 정말 비좁았다. 텐트를 다 치고 나서는 야외에서 점심을 먹었다. 챙겨온 반합에 밥과 반찬들을 담아 맛있게 점심을 먹었다. 오후와 야간에는 각개전투에 대해 배우고 실습했다. 저녁을 먹을 때 부식으로 떡과 우유와 초코머핀이 나왔는데 힘든 훈련을 마치고 먹어서인지 아주 맛있었다. 이후 아홉 시쯤 텐트에 들어가서 자라는 말을 듣고 텐트로 들어갔다. 세 명이 다 같이 들어가니 정말 움직일 틈 없이 비좁았다. 밖이 아직 쌀쌀했기 때문에 핫팩 세 개를 침낭에 넣고 잠자리에 들었다. 코가 막혀 잠이 잘 오지 않았고 중간 중간에 자주 깨며 잠을 설쳤다. 한 번 정도는 경험해볼 만 할 것 같은데 두 번은 하고 싶지 않다.

훈련소에서의 4주차

 4주차가 되면 직접 소총을 쏴볼 수 있다. 사격의 종류에는 영점 사격과 기록 사격이 있다. 영점 사격이란 총을 쏘는 사람에게 맞게 조정하기 위한 사격이다. 영점 사격 시 표적 하나를 조준해서 세 번을 같은 표적을 향해 쏜다. 이때 세 번 쏜 과녁을 보고 총의 조준점이 맞춰져있는지 파악한다. 사람마다 실제로 사격을 할 때 눈의 기준점이 다르기 때문에 이렇게 총마다 영점을 맞추어 주어야 한다. 그래서 보통 기록 사격 전에 영점 사격을 실시한다.

 기록 사격이란 쉽게 말해 표적을 맞추는 사격인데 자동으로 올라오는 20개의 표적을 순차적으로 맞추는 사격이다. 서서 그리고 엎드려서 총 20발을 사격하게 되는데 20과녁 중 20발을 맞춘 것을 '만발'이라고도 한다. 만발을 하면 포상을 받기도 한다. 사격은 첫 한 발을 쏴보기 전에는 좀 두려울 수 있는데 한 번 쏴보면 별 게 아니라는 것이 느껴지고 사격에 재미를 붙일 수도 있을 것이다.

 4주차에는 수류탄 사용법에 대해서도 배운다. 안전핀을 제거하는 방법부터 던지는 방법, 각도 등에 대해서 먼저 모형으로 배우고 실습한다. 모형 수류탄을 가지고 던져보는데 이전에는 훈련 때 실제 수류탄을 사용했다고 한다. 그런데 실제 수류탄을 사용하다가 사고가 난 이후부터는 연습용 수류탄으로만 실습을 하고 있다. 연습용 수류탄은 수류탄이랑 똑같이 생겼지만 위력이 없기 때문에 안전하게 사용할 수 있다.

마지막으로 각종 전투 상황에 대처하는 능력을 배우는 각개전투 훈련을 한다. 각개전투의 기본은 위장이다. 준비해왔거나 혹은 보급 받은 위장 크림을 얼굴에 바르고 훈련을 진행한다. 주위에 장애물이 있을 때 이를 넘거나 우회해서 가는 포복 등의 이동 요령, 장애물에 몸을 숨기는 은폐 요령 등 주간, 야간 전투 시 일어날 수 있는 모든 상황을 가정해서 연습한다. 이때 장구류를 메고 총을 들고 이리 저리 뛰어다니게 되는데 이 과정이 좀 힘들 수 있다. 또 1박2일 야외 숙영도 하게 되는데 텐트를 직접 설치해서 3인 1조로 한 텐트에서 숙영을 하며 야간 교육을 받고 야외 텐트에서 자는 훈련을 한다.

40일째 날

가장 피하고 싶던 행군하는 날이 드디어 왔다. 아침 여섯 시에 일어나 군장을 싸고 아침을 먹었다. 날씨는 쌀쌀했다. 어제는 살짝 긴장되었지만 막상 행군 날이 되니까 괜찮아졌다. 어제 불침번 때 보니 군장의 무게가 꽤 무거웠다. 그래도 각개전투 때 맸던 텐트 넣은 군장보다는 가벼웠다. 아침을 먹고 바로 연병장에 집합했다. 그리고 다 같이 줄줄이 이어 행군을 시작했는데 완전 군장을 하고 있었지만 그렇게 힘들게 느껴지지는 않았다. 오히려 발걸음이 가벼웠다. 영외로 나가서 20km짜리 코스를 한 번 돌아 행군할 줄 알았는데 영내에서 같은 코스를 여러 번 돌아 20km를 채웠다.

쉬지 않고 걷는 줄 알았지만 40분 걷고 20분 쉬고 50분 걷고 10분 쉬었다. 생각보다 쉬는 시간이 많아 에너지를 충전할 수 있어 버틸 만했다. 가기 전에 부식으로 초코머핀, 초코바, 건빵과 물을 받았는데 쉴 때마다 그것들을 먹으며 기력도 보충하였다. 걸어가면서, 그리고 쉬는 시간마다 동기들과 이야기를 하면서 가다 보니 생각보다 재미있었다. 여덟 시에 출발해서 열두 시 반쯤 행군이 끝났다. 마지막으로 부대에 다시 들어올 때 〈푸른 소나무〉라는 군가와 함께 연대장님이 박수를 치며 격려해 주셔서 뿌듯했다. 이제 교육이 거의 다 끝나간다는 생각에 기분도 좋았다. 돌아와서 점심을 먹으러 갔는데 발에 물집이 잡혀서인지 걸을 때 조금 따끔했다. 이후 낮잠 시간을 갖고 쉬다가 저녁을 먹고 정리 후 취침을 했다. 이제 행군도 끝났으니 훈련소에서 받아야 하는 모든 훈련이 다 끝나고 남은 것은 수료식밖에 없다. 수료식이 정말 기대된다.

훈련소에서의 5주차

 마지막 주인 5주차에는 각개전투를 마무리하고 훈련소의 꽃인 20km 행군을 한다. 그 후 마지막 설문 조사를 하면 훈련소에서의 모든 훈련 일정이 끝난다.

 행군을 훈련소의 꽃이라고 부르는 이유는 행군이 훈련소의 마지막 훈련이자 가장 길고 고된 훈련이기 때문이다. 많은 예비 장병이 훈련소에서의 행군이 어떤지에 대해 궁금해 하며 불안해 한다. 훈련소에 입소하는 남자친구가 걱정되어 물집 방지 패드를 사주는 여자친구도 여럿 볼 수 있었다. 그만큼 행군은 사람들에게 맹목적인 두려움의 대상이다. 하지만 모든 것이 그렇듯이 행군도 막상 지나고 나면 별 것이 아니라고 느끼게 된다. 시작이 어렵지 막상 시작하고 나면 별 것 아닌 경우가 너무 많다. 대부분의 행군이 50분 걷고 10분 쉬고, 50분 걷고 10분 쉬는 것을 반복한다. 힘들어질 때 쯤 쉴 수 있으므로 그렇게 두려워 할 필요가 없다. 쉬면서 기력을 보충해서 다시 걷고 이를 반복하다 보면 행군이 끝나 있을 것이다. 그리고 행군을 하면서 친해진 주위 분대원들과 이야기를 하면서 가면 시간도 금방 흐른다.

 행군을 마치면 끝에 군가와 함께 간부들이 박수치면서 격려해 주신다. 이때 느끼는 성취감은 말로 표현할 수 없을 정도로 크다. 행군이 끝나면 무엇이든지 할 수 있을 것 같은 자신감도 생긴다. 그러므로 낙오하지 말고 이 성취감과 자신감을 경험해 보기 바란다.

이후 감찰 설문이라는 훈련소 생활에 대한 설문 조사를 하는데 이때 자신이 부당한 대우를 받았던 점이나 훈련소에서 개선되어야 할 점이 있다면 과감히 적으면 된다. 이후 즐거운 수료식과 면회 후 막사 대청소를 하고 배치 받은 자대로 가게 된다.

45일째 날

드디어 기다리고 기다리던 수료식 날이다. 점심에 부모님과 피자를 먹기로 했기 때문에 아침을 조금만 먹었다. 식당에서 돌아와 씻고 좀 쉬다가 강의장으로 이동해서 면회시 주의 사항을 들었다. 제식에 신경 쓰고 불필요한 물건을 가지고 오지 말라는 내용이었다. 수료식을 하는 강당은 사람들로 빽빽했다.

들뜬 기분으로 수료식 행사를 마치고 부모님을 만날 수 있었다. 45일 만이었다. 반가웠다. 부모님이 훈련소 안에 주차를 하셔서 차가 빠져나가는 데만 50분 정도 소요되었지만 그 시간마저 행복했다. 그동안 부모님과 밀린 이야기를 하며 핸드폰 군 정지를 해제하고 편지를 써준 친구들에게 고맙다는 연락을 돌렸다. 오랜만에 핸드폰을 쓰니 핸드폰 자판이 이상하게 어색했다.

오랜만에 가족을 만나니 같이 있기만 해도 기분이 좋았다. 차에 있을 때 내가 복무하게 될 자대가 정해지고 휴대폰으로 자대 발표 문자가 왔다. 내가 피자를 먹고 싶어했기 때문에 피자를 먹으러 차를 타고 30분 정도 거리인 익산으로 갔다. 익산은 사람이 별로 없고 한산해서 좋았다. 미스터피자에 갔는데 우리가 첫 손님이었다. 내가 원하는 피자와 먹고 싶던 크리스피 크림을 맛있게 먹고 스타벅스 커피를 마셨다. 스타벅스에서 부모님과 이런 저런 이야기를 하며 즐거운 시간을 보내고 네 시 반에 차에 타고 다시 논산으로 왔다. 즐거운 시간을 마치고 부모님과 작별 인사를 하고 다시 훈련소로 들어왔다. 부대 복귀 후 바로 저녁 시간이었는데 밖에서 맛있는 음식을 너무 많이 먹고 와서인지 입맛이 별로 없었다. 오늘은 정말 오랜만에 즐거운 시간을 보낼 수 있었다. 이제 이틀 후 훈련소를 떠난다. 빨리 이 지긋지긋한 훈련소를 떠났으면 좋겠다.

수료식과 첫 면회

 수료식은 5주 동안의 군사 훈련을 마치고 자대로 배치받기 전 훈련소를 수료하는 것을 축하하고 기념하는 행사이다. 수료식이 기대되는 이유는 군대 안에서뿐만 아니라 밖에서 가족과 즐거운 시간을 보낼 수 있기 때문이다. 입대 초반 사회에서 쓰던 자신의 짐을 보내는 소포에 수료식 날짜와 수료식에 대한 세부 내용이 적힌 종이 한 장을 같이 넣는다. 수료식 날에 맞추어 가족이 그 종이에 쓰여 있는 장소로 오면 수료식에 참여하고 면회를 하게 된다. 행사는 길어야 한 시간 정도이다. 안타깝게도 면회 형식이기 때문에 부모님 혹은 대리자가 오지 않으면 영외로 나갈 수 없다. 그러므로 수료식 날 부모님이 참석하지 못하면 가까운 친인척이라도 와 달라고 하는 것이 좋다.

 나의 경우 부모님께서 차를 가져오셨는데, 훈련소 주차장에 차가 너무 많아 주차장을 나가는 데만 한 시간 가까이 걸렸다. 그러므로 조금 걷더라도 차는 밖에 세워두고 훈련소로 들어오는 것이 현명한 방법이다. 수료식을 마친 후 면회 시간이 일곱 여덟 시간 정도 주어지는데 이 시간을 낭비하지 않으려면 무엇을 할지 미리 계획을 세우고 영외로 나가야 한다. 아마 수료식 기간이 다가오면 시키지 않아도 면회 때 무엇을 할지 계획을 짜고 있을 것이다.

 육군훈련소 기준으로는 논산 근처에 펜션이 많기 때문에 부모님들께서 편하게 쉬라고 펜션을 잡아 주시기도 한다. 미리 예약만 한다면 가격은 좀 비싸지만 방을 잡을 수 있을 것이다. 펜션에 방을 안 잡아도, 돗자리를 가져와 훈련소 영내에서 피크닉을 즐길 수 있다. 면회 방법은 다양한데 나는 밖으로 나가는 방법을 택했다. 특히 피자가 먹고 싶었기 때문에 익산에 있는 피자집에 다녀왔다.

 면회를 한 후 복귀 시간은 꼭 준수해야 한다. 훈련소에서 힘들게 훈련을 잘 마쳤는데 제 시간에 복귀하지 못하면 지금까지 잘 해온 것들에 큰 지장이 생길 수 있기 때문이다. 적어도 30분 전에는 복귀할 수 있도록 하는 것이 좋다. 훈련소에 돌아올 때 취식물은 들고 오지 못하며 들어오자마자 몸수색을 한다. 어차피 자대에 가면 PX를 이용하면서 먹고 싶은 것을 마음껏 먹을 수 있으므로 굳이 가져가서 빼앗기지 않는 것이 좋다.

 이렇게 다시 훈련소에 들어오면 수료식과 면회가 끝난다. 오랜만에 가진 꿀 같은 시간이었으므로 돌아오면 아마 큰 아쉬움이 남을 것이다. 하지만 자대에 가면 과자도 먹을 수 있고 휴가도 사용할 수 있다. 이틀만 더 아무 사고 없이 지내다가 무사히 자대로 갈 수 있도록 하자.

" 군대에 온 이후 7일 만의 첫 전화 통화였는데 가슴이 설레고 떨렸다. 집에 전화를 하니 설날이라 그런지 온 가족이 모여 있었다. 엄마의 목소리를 듣자마자 가슴이 찡했다.

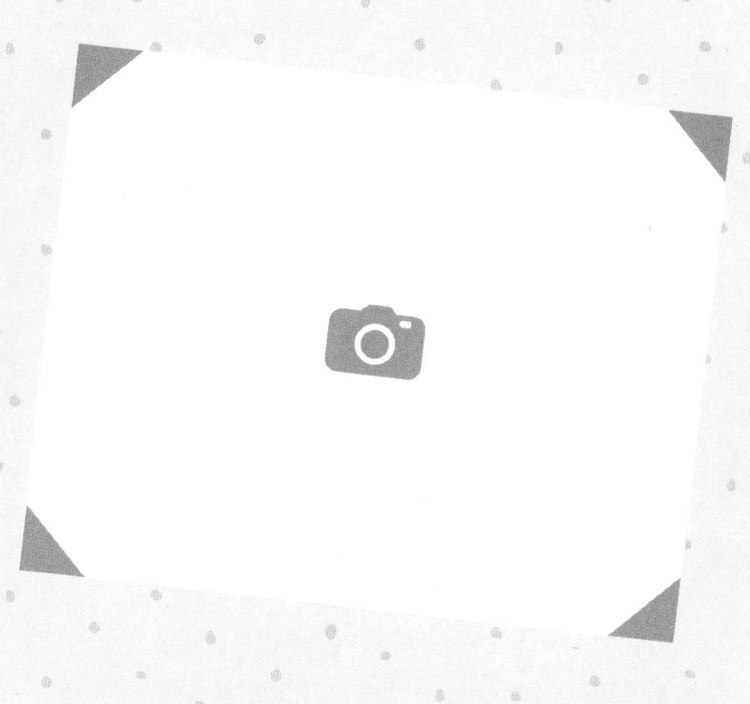

제 3장

나의 군 복무 장소인 자대로!

47일째 날

자대로 가는 첫날이다. 어제는 일찌감치 아홉 시 반에 잠이 들어 오늘 여섯 시에 조기 기상을 했다. 일어나보니 불침번을 서던 전우들이 밖에 비가 온다고 했다. 자대로 가는 첫날부터 비라니……. 창문 밖을 보니 비가 꽤 많이 내리고 있었다. 판초 우의를 입어야 했기 때문에 상당히 번거로울 것 같았다. 비몽사몽한 가운데 아침을 먹고 돌아와 짐을 챙겨 강당으로 갔다. 강당에서 연대장님 격려 말씀을 듣고 바로 자대로 가는 기차를 타러 갔다. 버스를 타는 사람들과 기차를 타는 사람들로 나뉘었기 때문에 정들었던 훈련소 동기들과 나중에 다시 만나자는 이야기를 나누고 헤어졌다.

10분 정도 걸어가니 정거장이 나왔다. 거기서 점심 도시락을 받은 후 기차에 탑승했다. 기차를 한 번 갈아타고 또 두세 시간 정도 가서 열두 시쯤 자대 근처에 있는 역에 도착했다. 기차에서 내리니 자대의 간부님 두 분과 병사 한 명이 차를 가지고 우리를 기다리고 있었다. 열다섯 명 정도가 이 역에서 내렸는데 어디 여단, 사단 등에 몇 명씩 내려주고 마지막으로 우리 부대에 와서 남은 인원들을 내려주었다. 우리 부대에서는 나 외에도 네 명이 더 내렸는데 두 명은 사진병이고 나머지 두 명은 나와 같은 어학병이었다.

처음 자대에 왔을 때 건물과 시설들이 훈련소보다 좋아 보였다. 행정반으로 가서 기본적인 신상 정보를 입력하고 이후에 생활관을 배정받아 짐을 풀었다. 우리 생활관에는 곧 전역하는 병장 세 명 정도가 있었다. 이 분들이 다 전역하면 동기들만 남아 동기 생활관이 된다고 한다. 생활관은 열 명이 잘 수 있는 방이었고 중간에 TV가 있고 무엇보다 좋았던 점은 훈련소와는 달리 침대가 있다는 점이었다. 물론 말로만 침대이지 매트리스는 훈련소 매트리스와 비슷했기 때문에 누워서 자는 느낌에는 큰 차이는 없었던 것 같다.

우리가 어리버리하게 서 있으니까 우리보다 몇 달 먼저 온 선임들이 빨래도 도와주고 이것저것 설명해주고 PX에 가서 과자도 사 주며 부대 생활에 관련된 이야기를 해 주었다. 아직 내가 소속될 분대와 내 바로 위 선임인 맞선임은 정해지지 않았다고 한다. 처음 자대에 오니 모든 것이 신기했다. 부대에 있는 병사들의 계급들도 다양했으며 또 훈련소에서처럼 통제를 심하게 받는 느낌도 없어서 좋았다. 선임들이 전화를 하게 해주어 부모님께 자대에 잘 왔고 이번 주 주말부터 면회가 가능하다고 말씀드렸다. 앞으로 2주 정도는 신병 대기 기간이라 해서 마음대로 움직일 수 없지만 그 이후부터는 더 자율적으로 움직일 수 있다고 한다. 일곱 시쯤 우리 부대 간부님과 한 시간 정도 간담회를 하고 훈련소와 같이 점호를 하고 취침에 들어갔다. 오늘 처음 자대에 왔는데 정말 좋았다. 앞으로 이곳에 잘 적응했으면 좋겠다.

자대 생활이란?

훈련소에서 수료식을 마치고 2,3일 정도 있으면 자대로 배치 받게 된다. 자대란 실질적으로 군 생활 동안 근무하고 생활하게 되는 부대를 일컫는다. 별다른 일이 없는 한 한번 배치된 자대에서 전역할 때까지 군 생활을 한다. 자대에 가면 자신의 보직도 정해지고 선임, 후임도 생겨 새로운 사람을 많이 만나게 될 것이다.

훈련소 수료식 날 핸드폰에 문자로 자신의 자대가 통보되는데 보통 인터넷에서 검색해 보면 부대가 어디에 위치해 있는지, 부대 특성은 어떤지 대략적으로 알아볼 수 있다. 그리고 훈련소에서 배출되는 날에 자대에 따라 버스 혹은 기차로 이동한다. 자대에 가면 수많은 선임이 생기고 자신에게 주어지는 일이 생겨 새로 배우고 숙달해야 하기 때문에 자대에서의 생활은 훈련소 때보다 더 힘들 수 있다. 하지만 훈련소를 잘 견뎌냈다면 자대도 분명 잘 견뎌낼 수 있을 것이다.

여기서 바로 자대로 배속되는 병사들이 있는가 하면 후반기 교육이라는 교육을 더 받는 병사들도 있다. 후반기 교육이란 자신의 특기에 따라 추가적인 교육을 받아야 할 경우 훈련소 수료 후 정해진 학교로 이동하여 특기에 맞는 교육을 받는 것을 말한다. 자신이 특기병으로 지원했다면 이 후반기 교육을 받게 될 확률이 높다. 후반기 교육은 보통 3,4주 정도를 받는다. 후반기 교육을 받는 경우 자대 배치 문자 대신 후반기 교육을 받게 된다는 문자를 받는다. 나는 후반기 교육을 받지는 않았지만 교육을 받고 온 동기들의 이야기를 들어보니 훈련소와는 다르게 통제가 별로 없어 오히려 더 편했다고 한다. 그러므로 후반기 교육에 간다고 해서 미리 걱정할 필요는 없을 것이다. 이제 자대에 대해서 조금 더 자세하게 알아보자.

동기 제도 - 요즘 많은 부대에서는 동기 생활관 제도를 추진하고 있다. 동기 생활관 제도는 비슷한 시기에 입대한 병사들을 한 생활관에 배정해주는 제도를 말한다. 예를 들어 내가 2월에 입대했다면 1, 2, 3월에 온 사람들과 같은 생활관을 쓸 확률이 높다는 말이다. '동기 생활관'이라고는 하지만 처음부터 다 동기만 있는 것은 아니다. 부대마다 특성은 다르겠지만 선임은 선임이기 때문에 같은 생활관에 있다고 무턱대고 말을 놓을 것이 아니라 친해지고 난 후 말을 편하게 하는 것이 좋다.

군대에서는 '동기'라는 말을 자주 쓰게 되는데 간부들의 동기 기준은 명확하지만, 병사의 '동기' 기준은 부대마다 다르다. 한 달 동기제를 시행하는 부대도 있고 3개월 동기제, 6개월 동기제 심지어는 전체 동기제를 시행하는 부대도 있다. '~달 동기제'라 함은 해당하는 달에 입대한 사람이 다 동기라는 것이다. 예를 들어 1개월 동기제를 하는 부대는 달이 바뀔 때마다 선, 후임이 되며 3개월 동기제라면 1, 2, 3월에 입대한 인원들이 동기, 4, 5, 6

월에 입대한 인원들이 동기가 되는 식이다. 내가 있던 부대는 1개월 동기제였다. 그래서 나는 내가 입대한 달인 2월에 입대한 사람들을 동기라고 불렀다. 1주일 차이로 선후임 관계가 되는 경우도 종종 있다. 예를 들어 1월 26일에 입대한 사람과 2월 2일에 입대한 사람은 한 달 동기제에서는 비록 1주일 차이지만 선, 후임 관계가 되어버린다. 반면에 1월 1일 입대한 사람이나 1월 30일 입대한 사람은 비록 30일 정도가 차이 나지만 같은 1월 군번이기 때문에 동기로 취급된다.

여기에 조금 특이한 제도가 한 가지 있다. 바로 조기 진급 제도이다. 조기 진급이란 보통 매 달 첫째 날 즉 1일에 입대한 병사들(1월 1일, 2월 1일, 3월 1일 등)이 한 달 빠르게 진급하는 제도를 말한다. 내가 바로 이 조기 진급 대상자였다. 나는 2월 1일에 입대했기 때문에 1월 군번들이 진급할 때 같이 진급할 수 있었다. 그래서 보통 2월에 입대한 병사들보다 한 달 먼저 진급하여 일병, 상병, 병장도 그들보다 한 달 먼저 될 수 있었다. 하지만 내가 1월 군번들과 같이 진급한다 해서 그들과 동기가 되는 것은 아니었고 2월 군번보다 선임이 되는 것도 아니었다. 이런 제도들은 부대마다 다를 수 있다. 이외에도 특급 전사가 되어 조기 진급을 하는 방법도 있다.

생활관 - 자대에 오면 우선 21개월 동안 생활하게 될 공간을 배정받는다. 이를 군대에서는 생활관 혹은 내무반이라고 한다.

예전에는 한 생활관에 20~30명씩 있고 병장부터 이등병까지 계급에 상관없이 함께 생활했다고 한다. 부대마다 조금씩 다르겠지만 요즘은 열 명의 비슷한 시기에 입대한 병사들끼리 한 생활관을 사용하게 하는 '동기 생활관'을 운영하고 있다. 실제로 꽤 많은 부대가 동기 생활관 형식을 사용하고 있으며 우리 부대도 동기 생활관이었기 때문에 나 또한 생활관 내에서 눈치 보지 않고 편하게 지낼 수 있었다.

생활관의 종류로는 침상형 혹은 침대형이 있다. 좀 큰 부대에는 개인 침대를 사용하는 침대형 생활관이 있고 좀 구식 건물을 사용하는 부대에서는 그냥 침상에 매트리스를 펴고 자는 침상형 생활관에서 지낸다. 이 두 형태 모두 장단점이 있는데 침상형 구조는 신발을 벗고 생활관을 이리저리 돌아다닐 수 있다는 장점이 있는 반면 침대형은 생활관 내에서 돌아다닐 때 슬리퍼를 신고 다녀야 한다는 단점이 있다. 하지만 침대형 구조는 개인적으로 침대를 사용할 수 있어 개인 공간이 있다는 장점이 있지만 침상형은 자리를 공유해야 한다는 단점이 있다.

모든 생활관의 중앙에는 TV가 있다. 많은 병사가 개인 시간에 이 TV를 보면서 시간을 보낸다. 생활관에 있는 TV는 IP TV이기 때문에 영화, 드라마, 예능 등 일부를 제외한 수많은 지난 TV 프로그램들을 무료로 볼 수 있다.

주의할 점은 생활관을 항상 청결하게 유지해야 한다는 것이다. 매일 청소 시간이 있지만 귀찮기 때문에 생활관 청소를 가장 소홀히 하는 경향이 있다. 생활관은 여러 명이 사용하는 방이기 때문에 청소를 조금만 소홀히 하면 먼지가 쌓이게 마련이다. 그러므로 주기적으로 청소를 해 주어 쾌적한 환경에서 생활할 필요가 있다. 특히 성인 남성 열 명이 한 방에서 자고 일어나면 심각한 냄새가 나기 때문에 아침에는 꼭 환기를 해 주어야 한다. 잘 때 건조하다 싶으면 바닥에 물을 뿌려주는 것도 좋은 방법이다.

48일째 날

오늘은 토요일, 자대에서 맞이하는 첫 주말이다. 일곱 시에 기상 나팔 소리와 함께 일어났다. 점호를 하고 세수를 하고 생활관으로 왔다. 생활관에 오니 막사는 쥐 죽은 듯이 조용했고 누구도 나에게 아무것도 시키지 않았다. 아침을 먹으러 식당으로 갔다. 훈련소와는 다르게 주말에 아침을 먹는 사람이 드물어 많이 먹을 수 있었다. 돌아와 TV를 봤다. 다른 생활관들을 힐끗 보니 다들 자고 있는 듯 했다. 주말에는 정말 식사 집합 외에는 하는 것이 없다는 것을 알았다. 이렇게 쉬다가 어느덧 열한 시가 되어 점심 시간이 되었다. 선임들이 우리를 챙기며 점심 먹으러 가자고 해서 식당에 같이 가서 카레를 먹고 돌아왔다.

돌아오니 선임들이 사이버 지식 정보방(이하 사지방)을 써보고 싶지 않냐고 물어보았다. 당연히 무척 써보고 싶다고 하며 바로 사지방으로 갔다. 사지방은 군대에서의 PC방 같은 공간이었다. 물론 게임은 할 수 없지만 웹서핑이나 SNS 등은 할 수 있었다. 인터넷 강의를 열심히 듣고 있는 선임들도 있었다. 가서 회원 가입을 하고 페이스북에 들어가 친구들에게 연락을 하고 이것저것 하다 보니 한 시간이 금방 지나갔다. 생활관에 수신용 휴대폰도 있어 부모님이나 친구들과 전화도 쉽게 할 수 있었다. 저녁을 먹고 쉬다가 책도 보고, PX에서 과자도 사 먹으며 쉬다가 씻고 점호를 받고 취침에 들어갔다. 내일이 일요일이기 때문에 TV 시청을 열한 시까지 연장해준다고 해서 열 시 소등 후 열한 시까지 TV를 보고 잘 수 있었다. 군대에서의 주말은 항상 이런 식인 것 같다. 그래서 앞으로는 주말에 무언가 생산적인 일을 해야겠다고 결심했다.

49일째 날

일요일이다. 일곱 시에 일어나 연병장에서 점호를 받고 아침을 먹었다. 오늘은 종교 활동이 있는 날이었다. 자대에서의 종교 활동은 처음이었기 때문에 상당히 설레고 기대되었다. 전투복을 입고 현관에 08시 50분까지 모였다. 종교 시설은 교회(기독교), 성당(천주교), 법당(불교)이 있었고 어제 어떤 종교 시설에 갈 지 조사했다. 나는 입대 전부터 교회에 다녔기 때문에 당연히 교회에 가겠다고 했다. 나와 같이 교회로 가는 인원은 총 일곱 명이었다. 자대에서는 종교 활동을 하는 사람이 생각보다 많지 않았다. 왜 그런지 물어보니 훈련소와는 다르게 종교 활동에 가지 않아도 휴식을 할 수 있기 때문이라는 것이다.

교회가 영외에 있었기 때문에 버스를 타고 이동했다. 교회에 가서 서류를 작성하고 새 신자 사진을 찍고 교회의 앞자리인 새 신자 자리에 앉았다. 신기했던 것은 오늘 처음 4성 장군님(★★★★)을 봤다는 것이다. 우리 부대의 사령관님인데 교회에 다닌다고 들었다. 가까이서 봐서 그런지 포스가 넘치고 멋있었다. 끝나고는 새 신자 교육을 받고 국수도 먹었다. 간식으로 토스트도 먹을 수 있었다. 종교 활동이 끝나고 열두 시쯤 돌아와 '태양의 후예' 드라마 재방송을 봤다.

두 시쯤 축구 할 사람 모이라는 방송을 듣고 나도 하겠다고 뛰쳐나갔다. 우리 부대와 다른 부대 간의 경기였는데 나는 수비를 맡았다. 오랜만에 축구를 했기 때문에 실수도 많이 했지만 선임들이 그래도 잘 했다고 격려를 많이 해 주었다. 오랜만에 운동을 해서인지 힘이 들었지만 즐겁게 땀을 흘리며 운동을 하고나니 기분이 좋았다. 운동을 하고 선임들과 좀 친해진 것 같다. 씻고 돌아와서 또 TV를 보다 저녁을 먹었다. 저녁을 먹고 PX에서 선임들에게 과자와 음료를 얻어먹고 돌아와 청소 후 점호를 받고 취침했다. 어리둥절했던 자대에서의 첫 주말이 끝이 났다. 내일 시작하는 새로운 한 주를 잘 시작했으면 좋겠다.

자대에서의 주말 생활

　자대에서의 주말은 대부분 허무할 정도로 쉬면서 보내게 된다. 토요일에는 근무와 식사 집합을 제외하고는 별다른 일을 하지 않으며, 일요일에는 종교 활동을 제외하면 별다른 일이 없다. 자대에서의 주말은 훈련소에 비하면 정말 편하다는 것을 느낄 수 있을 것이다. 훈련소에서는 하지 못했던 PX 사용도 할 수 있고, 사지방도 쓸 수 있으며, 운동도 개인적으로 할 수 있어 자대에서의 주말은 훨씬 편하다. 대부분 TV를 보거나 낮잠을 자게 될 텐데, 이때 시간을 낭비하고 싶지 않은 사람들은 도서관에 가서 자기 계발을 도모할 것을 추천한다.

　자대에 있다 보면 주말이 한편으론 편하고 즐겁지만 한편으로는 너무 하는 것이 없어 지루하기도 할 것이다. 이때 하고 싶은 것을 찾아 하는 것이 중요하다. 내가 본 바로는 대부분의 병사가 TV에 중독되어 있었다. 특히 주말일수록 더 그렇다. 군대에서 이런 모습들을 보며 안타까웠고 나는 TV만 보다가 전역하지 말아야겠다고 다짐했다. 사실 생각해보면 주말에 할 수 있는 일이 정말 많다. 주말에 생산적인 일들을 할 수 있다면 그것이 어떤 것이어도 좋다. 그것은 독서일 수도 있고 운동일 수도 있고 종교 활동일 수도 있다. 그렇다면 주말에 하면 좋은 것들에 대해서 더 자세히 알아보자.

종교 활동 - 군부대에서의 종교 활동은 세 가지 장점이 있다. 첫 번째로 마음의 안정을 준다. 종교 시설의 분위기 때문인지는 모르겠지만 종교 시설에 가면 마음이 편안해지고 일에서 벗어나 쉬는 느낌을 받을 수 있다. 지친 한 주를 보내고 주말에 종교 활동으로 휴식을 취하며 다음 한 주를 준비하는 것도 좋은 방법이다. 두 번째로는 간식을 준다는 점이다. 훈련소에서는 가나파이 두 개에 눈이 멀어 종교 활동에 간 나를 포함한 많은 병사가 있었는데 자대에서도 맛있는 간식을 먹으러 종교 활동에 오는 병사가 많았다. 마지막으로 종교 활동에 열심히 참여한 병사에게는 포상 휴가의 기회도 주어진다. 종교마다 종교 포상 휴가가 있다. 이런 제도들은 부대별로 다르니 잘 확인하여 휴가를 챙길 수 있도록 하자.

자기 계발 - 군대에서의 시간은 어떻게 보내느냐에 따라 사람마다 큰 차이가 있을 수 있다. 전역을 하면서 많은 것을 배워가고 얻어가는 사람이 있는 반면, 오히려 오기 전보다 퇴보한 상태로 제대하는 사람들도 있다. 이 부분에 대해서는 뒤에서 더 설명하겠지만 군대에서는 연등 제도(특정한 장소에서 취침 시간 이후에도 전등을 켜게 허락해주는 제도)를 통해 야간에 공부도 할 수 있고 사지방에서 인터넷 강의를 들으며 공부할 수도 있다. 아마 전역을 하면서 가장 남는 것이 군대에서 한 공부일 것이다.

운동 - 뒤에서 더 자세하게 설명하겠지만 군대는 운동을 할 수 있는 여건이 정말 잘 마련되어 있다. 주말에는 특히 심심하기 때문에 병사 대부분이 운동을 하면서 시간을 보낸다. 축구, 농구, 배드민턴, 헬스 등등 운동장에서 할 수 있는 운동들은 모두 할 수 있다. 사회에서 운동할 시간이 없었다면 군대에서는 주말을 활용해 운동을 많이 하면 좋을 것이다.

외출/외박 - 군대에서는 주말에 부대 밖으로 나갈 있는 외출/외박 제도가 있다. 이 제도는 부대마다 규정이 너무 다르기 때문에 자세한 설명은 하기 어렵지만 내가 있었던 부대의 기준으로도 대략 감을 잡을 수 있을 것이다. 우리 부대에서는 석 달에 외출 두 번, 외박 한 번을 나갈 수 있었다. 외출, 외박 제도를 잘 활용하여 주말에 밖으로 나가 기력을 충전하고 올 수 있도록 하자.

62일째 날

드디어 신병 대기 기간이 끝나고 첫 경계 근무를 서는 날이다. 오늘 나는 탄약고 근무를 섰다. 탄약고 근무는 경계 근무로 실외에서 하는 근무이다. 주된 임무는 부대 내에 있는 탄약고, 즉 탄을 보관하는 구역을 지키는 일이다. 탄약고는 실외에 있기 때문에 총을 들고 방탄모를 쓰는 등 무장을 하고 밖으로 나가야 한다. 근무는 혼자 서는 것이 아니라 항상 2인 1조로 사수 / 부사수가 함께 서게 된다. 나는 물론 부사수 역할을 수행했고 나의 첫 근무에서 사수는 운이 좋게 나의 맞선임이 배정되었다. 사수가 누구냐에 따라 수월한 근무가 될지 힘든 근무가 될지 나뉜다고 한다. 그런데 내 맞선임이 사수여서 첫 근무임에도 불구하고 비교적 마음 편하게 근무에 임할 수 있었다.

밤 열두 시 근무였는데 열 시에 잠든 나를 열한 시 반에 불침번 근무자가 깨웠다. 전투복으로 갈아입고 장비를 착용하고 준비해서 당직실(행정반)로 갔다. 얼마 지나지 않아 사수인 내 맞선임이 왔다. 함께 준비를 마치고 당직사관에게 보고한 뒤 탄을 받고 탄약고가 있는 곳으로 갔다. 탄약고에 가서는 전 근무자들과 교대하여 두 시간 동안, 즉 새벽 두 시까지 경계를 하며 이야기를 나누었다. 사수로부터 부대에서 주의할 점 등을 들으며 군 생활에 대해 좀 더 자세히 알아갈 수 있었다. 이야기를 한참 한 것 같았는데 생각보다 시간이 많이 지나진 않았다. 두 시간은 생각보다 길었다. 두 시에 근무가 끝나고 돌아와 바로 잠자리에 들었다. 이따가 여섯 시 반에 일어나야 하는데 일어날 수 있을지 걱정된다. 앞으로 전역 전까지 이렇게 근무를 서야 하는 것이 피곤하고 힘들 것 같다.

군대에서의 근무

근무의 주 목적은 감시와 경계 태세 유지이다. 불침번 근무는 실내에서 막사를 지키며 서서 한 시간 반 동안 인원 파악을 하며 근무자를 깨우는 역할을 하고 영외 경계 근무는 밖에서 근무지를 지키며 두 시간 동안 서 있는 것이다. 당직 근무는 하루 종일 행정반에서 앉아서 대기하며 병력을 통제한다. 어찌 보면 군대에서의 근무는 시간과의 싸움이기도 하다. 그래도 대부분의 경우 두 명이 한 조를 이루어 근무를 서기 때문에 서로 이야기라도 하면 덜 심심하다. 하지만 같은 사람과 세 번 정도 근무를 서게 되면 더 이상 할 이야기도 없고 그냥 서서 홀로 시간과의 싸움을 하게 된다. 특히 영외 근무는 날씨의 영향을 많이 받는다. 여름에는 더위와 모기와의 싸움, 그리고 겨울에는 눈과 극심한 추위와의 싸움이 된다.

나는 이등병 때부터 "군대에서 점호와 근무만 없다면 군 생활이 정말 편할 텐데"라는 생각을 많이 했다. 하지만 근무가 없으면 군대가 아니라 할 정도로 군대에서 근무는 중요하다. 인천상륙작전의 주역인 더글러스 맥아더 장군이 "작전의 실패는 용서할 수 있어도 경계의 실패는 용서할 수 없다"라고 말할 정도로 군대에서의 경계 근무는 가장 중요한 일 중 하나이다.

이렇게 괴로운 근무를 병사들만 서는 것은 아니다. 간부들도 당직 근무의 형태로 근무를 선다. 내가 있던 부대에서는 직급이 높은 대령님들도 근무를 섰다. 대단한 것은 간부들은 이렇게 밤을 새워 근무를 서고도 오전에 일을 하고 점심 시간이 되어서야 퇴근한다는 점이었다. 그만큼 나라를 지키는 일이 보이지 않는 곳에서 많은 사람의 희생을 요구한다는 것을 느낄 수 있었다.

부대마다 서로 다르지만 보통 이틀이나 사흘에 한 번 근무를 서게 될 것이다. 근무를 서면서 지루함과 날씨 때문에 많이 힘들 수 있다. 특히 추운 날씨에 근무를 서게 되면 정말 힘든 경험을 할 것이다. 그래도 나를 포함한 모든 군인이 해 온 것이고 당시에는 힘들었지만 뒤돌아보면 그때가 추억으로 남는다. 그러므로 우리나라를 지킨다는 마음으로 힘을 내서 근무를 서 주기 바란다.

74일째 날

군대에서 첫 월급을 받는 날이었다. 매월 10일, 나라사랑카드 계좌로 월급이 들어온다. 일과가 끝나고 바로 ATM기로 달려갔다. ATM기 앞에는 자신의 계좌를 확인하려는 사람들이 길게 늘어서 있었다. 줄을 기다렸다가 나의 계좌에 들어와 있는 돈을 확인했다. 163,000원. 많은 돈은 아니었지만 군대에서 처음 받는 돈이었기 때문에 금액이 얼마가 되었든 간에 기분이 좋았다. PX에도 사람들이 바글바글했다. 월급날이어서인지 PX에도 다른 날보다 물건을 많이 들여놓았다. 나도 월급날이니 평소 먹고 싶었던 과자도 사고 라면도 먹고 빵도 사 먹었다. 주위에 선임들이 없는 것을 보고 몰래 냉동 피자도 한 번 먹어보았다.

군인의 월급 제도

 병사 월급 체제는 다음과 같다. 2018년 기준 이병 206,100원, 일병 331,200원, 상병 366,300원, 병장 405,700원을 받는다. 매달 10일 계급별로 정해진 금액이 각자 신체검사 때 받았던 나라사랑카드 계좌에 입금된다. 내가 군 생활을 할 때까지만 해도 병장이 20만 원을 받았는데 2018년에는 이등병이 20만 원을 받으니 실제로 많이 오른 것이다. 또 사병 월급은 매년 인상되고 있다. 진급할 때는 진급비라고 해서 부대와 집과의 거리를 계산해서 교통비를 주기도 한다.

 장병들은 군 적금에 대해서 관심을 가져두는 것이 좋다. 군 적금이란 상대적으로 높은 이자율로 은행에 적금을 들 수 있는 좋은 제도인데 군 생활 동안 이를 활용하면 적지 않은 돈을 모아 나갈 수 있다. 대부분의 은행에는 군인 적금이 있는데 여러 은행에 중복해서 적금을 들 수도 있다. 한 달에 10만 원이 최대 한도이며 기간은 2년이다. 한마디로 2년 동안 월급에서 한 달에 10만 원씩 빠져나간다고 생각하면 된다.

 군 적금은 금리가 낮은 요즘 시대에 상대적으로 높은 이자율로 목돈을 마련할 수 있는 좋은 제도이다. 나는 이등병 때 16만 원을 받고 병장 때 20만 원을 받았기 때문에 10만 원을 적금하면 남는 돈이 별로 없었다. 하지만 이등병 때 20만 원을 받고 병장 때 40만원을 받는 2018년부터는 적금을 넣어도 상당히 많은 돈이 남아 더 많이 저축을 하고도 부족하지 않게 생활할 수 있을 것이다.

  그래서 꼭 군 생활 초반에 적금을 시작하라고 적극 추천한다. 돈이라는 게 있으면 쓰게 되고 없으면 안 쓰게 마련이다. 군 생활 동안 10만 원씩만 저축해도 200만 원이 넘게 모이고 이에 추가적인 이자를 받는다면 꽤 많은 돈을 모아 제대할 수 있다. 사소해 보일 수 있지만 한 달에 10만 원씩 차곡차곡 저축하다 보면 보람도 있을 것이고 이런 것이 몸에 배면 나중에 습관적인 저축으로 큰돈을 모을 수 있을 것이다.

102일째 날

기다리고 기다리던 신병 위로 휴가를 나가는 날이다. 아침에 일어나 점호를 받고 돌아와서 생활관에 있는 총기를 행정반으로 가져갔다. 휴가를 나갈 때는 내 총기를 행정반에서 보관한다. 세수만 간단하게 하고 짐을 정리하여 여덟 시에 행정반으로 가서 행정보급관께 보고를 드리고 내 생애 첫 휴가증을 받았다. 종이 한 장에 사람이 이렇게 행복해질 수 있는지 처음 알게 되었다. 휴가증을 받고, 주의사항을 듣고 오늘 휴가를 같이 떠나는 사람들과 함께 당당하게 휴가증을 보여주고 부대 밖으로 나왔다.
밖으로 나오니 날씨가 정말 좋았고 덩달아 내 기분마저 좋아졌다. 버스 정류장까지 택시를 타고 간 다음 버스를 타고 집으로 왔다. 집에 오니 엄마가 반겨주었다. 엄마가 준비해놓은 맛있는 점심을 먹고 좀 쉬다가 엄마와 같이 군 적금을 들기 위해 은행에 갔다. 이후 롯데리아에서 먹고 싶었던 햄버거를 간식으로 먹고 PC방에 가서 게임을 좀 하다가 약속이 있어 학교로 갔다. 100일 만에 가니 학교가 좀 어색할 정도로 새로웠다. 새로운 학번인 16학번 후배들이 학교에 와 있었다. 학교에서 동기와 선배들을 만나 담소를 나누고, 수업이 끝난 후 또 다시 밖에서 만남을 이어갔다. 그리고 친구들에게 부모님을 뵈러 가야 한다고 말하고 집으로 오니 열시쯤 되었다. 아이스크림을 먹으며 부모님과 대화를 나눈 다음 열한 시쯤 잠자리에 들었다. 너무 피곤했고 침대가 푹신해서인지 잠이 잘 왔다. 오랜만에 편하게 잘 수 있었다.

군대의 휴가 제도

아마 군대에서 병사들에게 "가장 받고 싶은 것이 무엇인가요?"라고 물어본다면 열 명 중 아홉 명은 "휴가"라고 대답할 것이다. "휴가에 목숨 거는 사람"이 있다고 할 정도로 병사들은 휴가를 간절하게 원하고 기다린다. 비유하자면 한동안 집안에만 갇혀 있다가 모처럼 집 밖에 나온 심정과 같다. 이는 아마 군대에 가 본 사람들만이 느낄 수 있는 감정일 것이다. 휴가에 대한 절실함, 그리고 휴가에 대한 갈망이 모든 군인에게 있게 마련이다. 몇 달 동안 군대 안에 매여 있다가 휴가로 밖에 나가는 해방감은 말로 표현할 수 없다.

휴가는 종류도 많고 얻을 수 있는 방법도 많다. 종교 활동을 하면서 얻을 수도 있고 공모전에 수상하여 얻을 수도 있고 훈련을 잘 받아서, 독서를 많이 해서 얻기도 한다. 군대에서 휴가를 받는 방법은 정말 다양하다. 그 중에서도 가장 기본적인 휴가의 종류에 대해서 알아보도록 하자.

연가 – 병사가 군 생활 동안 쓸 수 있도록 처음에 주는 휴가 일수는 27박 28일이다(2018년 기준). 예전에는 1차, 2차, 3차 정기 휴가로 나누어서 입대 후부터 6, 12, 18개월을 전후로 휴가를 나갔다. 물론 부대 여건과 개인 희망을 고려해서였다. 지금은 이런 식으로 차수를 나누지 않고 꼭 세 번에 나누어 사용하지 않아도 되며 개인 희망과 부대 여건을 고려하여 28일을 자율적으로 나누어 사용할 수 있다.

포상 휴가 - 대개 무언가 잘하여 공을 세웠을 경우에 받는 휴가를 말한다. 보통 군대에서 상을 받으면 부상으로 포상 휴가를 주기도 하는데 상장의 수여권자에 따라 휴가 일수도 달라진다. 예를 들어 중대장 상장이면 2박 3일, 단장(대령)의 상장이라면 4박 5일, 장성(★)급 지휘관의 상장이라면 그 이상도 받을 수 있다. 예외적이지만 내가 군 생활을 하는 중 GOP에 근무하는 한 병사가 북한 병사의 귀순을 성공적으로 유도했다고 해서 30일 정도의 휴가를 받은 적도 있었다. 내가 받은 가장 긴 포상 휴가는 특급 전사 표창으로 받은 5박 6일의 휴가였다. 또 미군에게 표창을 받은 적도 있었는데 그것으로는 2박 3일 휴가를 받을 수 있었다. 이와 같이 군 생활을 하며 받는 상장 하나하나가 포상 휴가증이라 생각하면 된다. 자대에 가면 실제로 포상 휴가를 노리고 이런저런 활동을 하는 병사를 많이 볼 수 있다. 휴가를 가고 싶다면 공모전이나 포상 휴가를 주는 제도들을 잘 찾아 도전하면 좋을 것이다. 실제로 부대별로 독후감을 써서 휴가를 받는 독서 노트 제도와 부대 내에서 상점을 모아 휴가를 받는 상점 포상 제도 같은 다양한 포상 제도가 있다.

위로 휴가 - 훈련, 검열 그 밖에 특별한 근무로 피로가 심한 자에게 주는 휴가라고 군인 복무 규율에 나와 있다. 우리 부대에는 가장 큰 훈련인 KR이라는 훈련과 UFG라는 훈련이 있다. 나는 2주 동안 밤을 새워가면서 열심히 이 두 훈련에 임했다. 이럴 때 받는 휴가가 바로 위로 휴가이다. 이 훈련들을 하고 난 후 나는 "KR 위로 휴가" 혹은 "UFG 위로 휴가"를 받을 수 있었다. 휴가 기간을 얼마나 주느냐는 지휘관 재량이기 때문에 4일 받은 적도 있었고 3일 받은 적도 있었다. 이처럼 훈련이나 일정 시간 이상 근무를 했을 때 피로를 해소해 주기 위해 위로 휴가 제도가 마련되어 있다.

청원 휴가 - 부모님 혹은 조부모님 상을 당했을 때 나가게 되는 휴가를 말한다. 부모님일 경우 5일 이내, 조부모님일 경우 3일 이내를 받게 된다. 보통 이 휴가에 연가를 더 붙여서 나가는 경우가 많은데 갑작스럽게 연락을 받게 되면 휴가를 추가적으로 사용할 것인지 간부들이 물어볼 것이다. 이때 조금이라도 더 휴가를 붙여서 나갈 것을 추천한다. 나도 군 생활 중에 청원 휴가를 사용해야 했는데 경험상 원래 받는 청원 휴가보다 추가적으로 본인의 휴가를 더 사용해서 마음을 가라앉히고 좀 더 쉬다 오는 것이 좋다.

신병 위로 휴가 - 정규 28일 연가에 해당되지 않는 특별 휴가인데 보통 자대에 와서 한 달 정도 있다가 나갈 수 있는 위로 개념의 휴가이다. 이전에는 보통 100일 휴가라고도 불렸는데 훈련소를 수료하고 한 달 정도 지나면 거의 100일 정도가 되고 그때 첫 휴가를 나가기 때문에 그렇게 부르기도 한다. 흔히들 신병 위로 휴가를 3.4초 휴가라고도 하는데 군대에 있다 처음 사회에 나오면 3박4일의 체감 속도가 3.4초 같다고 이렇게 부르기도 한다. 신병 위로 휴가는 입대하고 처음 나가는 휴가인 만큼 가장 기대되고 가장 즐거운 휴가일 것이다.

신병 위로 휴가 때 주의할 점

1. 먼저 집으로 들어가자

군 생활하는 동안 많은 병사를 봤는데 그 중에 부모님께 휴가를 나왔다는 말도 안하고 친구들과 놀다 집에 들어가는 병사들도 있었다. 하지만 신병 휴가 때 만큼은 우선 집으로 가는 것을 추천한다. 집에는 아들을 군대 보내고 가슴 태우며 기다리는 부모님이 계신다. 군대 간 아들을 걱정하지 않는 부모님은 이 세상에 없다. 그러므로 첫 휴가를 나오자마자 친구들과 놀러가기보단 부모님을 찾아뵙고 휴가를 나왔다고 인사부터 드리자. 내색하지는 않으실 수 있지만 부모님께서는 아들을 군대에 보내고 걱정으로 지내고 아들이 휴가 나오기만을 기다리고 계실 것이다. 가족과 함께 충분한 시간을 보내고 난 후 친구들과 만나 놀아도 휴가는 충분할 것이다.

2. 술은 적당히

신병 위로 휴가에 나가면 군대에서는 못 먹었던 술이 먹고 싶을 것이다. 또 친구들과 만나 한 잔 할 기회도 많이 있을 것이다. 이때를 가장 조심해야 한다. 오랜 기간 술을 먹지 않았기 때문에 자신의 주량이 줄었을 수 있기 때문이다. 이 상태에서 술을 마시면 쉽게 취하고 또 취하면 실수를 할 수 있다. 휴가 나왔다고 친구들이 술을 많이 권할 텐데 이때 자제력을 발휘하는 것이 좋다. 휴가 나와 싸움이 붙어 경찰에게 붙잡히면 당일에 부대로 복귀해야 할 수 있고 복귀 후 처벌을 받을 수도 있다. 실제로 우리 부대에서 휴가 나갔다가 싸워서 남은 휴가를 마치지 못하고 부대에 복귀한 병사를 본 적이 있다. 그 병사는 이후 군대의 격리 시설인 영창에 다녀와야 했다. 즐거운 신병 위로 휴가를 나왔는데 한 번의 실수 때문에 휴가도 망치고 군 생활도 늘어나는 실수를 하지 않아야 한다. 그러므로 휴가 나와서 술을 마실 땐 적당히 자제하며 마시고 혹시 싸움이 나면 피해야 한다. 한 순간의 실수로 즐거운 휴가를 망치지 말자.

3. 복귀 시간을 준수하자

휴가를 나가면서 보면 알겠지만 모든 휴가증에는 복귀 시간이 적혀 있다. 이 시간은 무슨 일이 있어도 꼭 지켜야 한다. 시간 약속을 철저히 지키는 것은 군인의 기본 중에 기본이다. 신병 위로 휴가가 아마 신병들에겐 첫 휴가일 것인데 너무 좋아 시간 개념이 없어질 수도 있다. 신병 위로 휴가 때는 앞에서도 언급하였듯이 3박4일이 3.4초 같이 느껴진다. 그러므로 신경 쓰지 않으면 자칫 복귀일을 잊거나 시간을 놓칠 수 있다. 휴가 간 군인은 규정에 맞는 시간에 복귀해야 한다. 20시 복귀인데 21시에 복귀하면 군대에서는 이를 탈영으로 간주한다. 복귀 시간에서 1분이라도 늦으면 지연 복귀로 간주되는데 지연 복귀를 하면 부대 내에서의 이미지도 안 좋아질 뿐 아니라 징계를 받을 수도 있다. 만약 천재지변 혹은 교통 수단의 지연 아니면 어떤 이유에서든지 늦게 복귀하게 될 것 같으면 해당 부대 당직실이나 담당 간부에게 전화를 해 사정을 설명하도록 하자. 부대마다 규정은 다르겠지만 휴가자 소재가 파악되면 늦더라도 그나마 징계까지는 안 갈 수도 있다.

109일째 날

자대에 오니까 확실히 여러 계급이 보인다. 군대에는, 특히 우리 부대에는 정말 많은 계급이 있다. 좁게는 이등병, 일병, 상병, 병장 등 일반 병이 있고, 더 나아가서는 하사, 중사, 상사, 원사 등 하사관, 그리고 더 넓게는 소위, 중위, 대위, 소령, 중령, 대령 등 장교가 있다. 처음에는 나도 이런 계급에 익숙하지 않아 어떤 계급이 더 높고 어떤 계급이 더 낮은 지 파악하는 데 시간이 좀 걸렸다. 또 높은 계급을 달고 계신 분들을 보면 신기하고 놀랄 때도 있었다. 한 번은 우리 사무실에 한 분이 들어오셨는데 나는 소령인 줄 알았다. 그런데 우리 사무실의 모든 간부가 기립 경례를 하는 모습을 보고 소령이 아니라 준장(★)이라는 것을 알게 되었다.
우리 사무실만 해도 대령, 중령, 소령 그리고 군무원이 계신다. 군대에 있는 다른 친구들과 연락을 해 보면 정말 높은 분들과 있는 것이라고 한다. 확실히 군대는 계급 사회인 것 같다. 대령이 일을 시키면 중령이 해야 하고, 중령이 일을 시키면 소령이

해야 한다. 내가 있을 때는 내가 커피를 타지만, 내가 없을 때는 소령이 커피를 타기도 한다. 다른 부대에서는 지휘관으로 있을 계급이지만 내가 있는 부대에서는 커피를 타고 있기도 한다. 엄격한 계급 사회, 이곳이 군대라는 것을 새삼 다시 깨닫게 된다.

군대의 계급 체계

나도 군대에 오기 전에는 계급에 대해서 전혀 무감각했다. 하지만 군 생활을 하면서 군대에는 정말 다양한 계급이 있다는 것을 알 수 있었다. 실제로 군대에는 정말 많은 종류의 계급이 있다. 가장 밑에 있는 이등병부터 가장 위에 있는 대장까지. 그 사이에도 처음 듣는 사람은 분간할 수 없을 정도로 많은 계급이 있다.

간부들 사이에서는 특히 계급이 중요한 역할을 한다. 보통 간부들은 같은 계급이라면 임관 날짜로 선·후임이 나뉘는데 소령, 중령같이 한 계급이 차이나버리면 중령이 소령보다 임관 일자가 늦다 해도 소령은 중령에게 선임 대우는 물론 경례까지 해야 한다. 자대 생활을 하면서 이런 경우를 수도 없이 많이 목격했다. 후임이 먼저 진급해서 한 계급이 차이나는 경우를 많이 봐 온 나로서는 나이보다 계급이 우선인 계급 사회가 있다는 것을 실감했다.

계급이 낮은 사람은 높은 사람에게 경례를 해야 하며 하급자는 상급자의 지시에 따를 의무가 있다. 병사들이 군 생활을 하다 보면 건너건너 아는 사람을 만나는 일도 흔하게 있을 것이다. 나도 군대에서 대학 동기를 만났고 대학 후배의 친구를 만나기도 했다. 군대에서 친구를 만날 수도 있고 친구의 친구, 친구의 후배 등 나와 연관된 사람을 분명 만날 기회가 있다. 하지만 이런 경우에도 정말 친한 친구가 아닌 이상 군대라는 조직의 특성을 따라 선임은 선임으로 대해야 한다.

나이에 비해 늦게 군대에 갔다고 해서 걱정할 필요는 없다. 부대마다 차이는 있겠지만 군대에서 병사들 사이에서는 나이가 어느 정도 많으면 나이 대우를 좀 해주는 편이다. 하지만 그만큼 행실을 잘 해야 한다. 대우해준다고 해서 막 풀어진다면 "나잇값도 못하네"라는 기분 나쁜 소리를 들을 수 있기 때문에 나이 대우를 해주는 만큼 더 열심히 해야 한다.

육군 복무 신조라는, 병사들이 매일 아침, 저녁마다 복창해야 하는 신조에서도 "우리는 법규를 준수하고 상관의 명령에 복종한다"라는 내용이 들어 있을 정도로 군대에서는 계급별로 상하 관계를 엄격하게 규정하고 있다. 이와 같은 명령 체계는 부당한 명령들을 제외하고는 군대에서 꼭 필요한 체계이다. 전쟁이 나서 지휘를 해야 하는데 하급자가 상급자의 명령을 따르지 않는다면 그 전쟁의 결과는 뻔하다. 그렇기 때문에 군대에서는 계급별로 관계를 엄격하게 규정하고 있다. 군대의 계급에 대해 더 자세히 알아보자.

일반적인 군대의 계급

병사 : 이등병→일병→상병→병장
부사관: 하사→중사→상사→원사
준사관 : 준위
장교 : 소위→중위→대위→소령→중령→대령
장군 : 준장→소장→중장→대장

군대 계급에 대한 설명

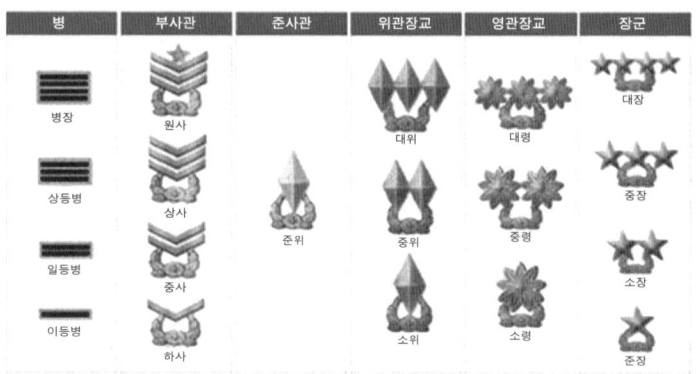

병사 - 병역의 의무를 수행하는 모든 기간제 병사를 말한다. 직업 군인이 아닌, 정해진 군 복무 기간이 끝나면 전역하는 장병들이다. 군대에서는 '호봉'이라는 개념을 사용하는데 병사들은 달이 바뀔 때마다 매달 1일에 호봉이 하나씩 올라간다. 그리고 일정 호봉이 차면 진급을 한다. 병사의 계급은 이등병부터 병장까지 있으며 이등병은 3호봉까지, 일병과 상병은 7호봉까지 채우면 진급한다. 쉽게 생각하면 입대 후 이등병에서 3개월이 지나면 일병이 되고 7개월이 지나면 상병, 이후 7개월이 또 지나면 병장이 된다고 생각하면 된다. 이등병→일병→상병→병장 순서로 진급하며 진급할 때마다 약장이 바뀌며 작대기가 하나씩 늘어난다. 병사는 병장이 되면 더 이상 진급하지 않고 전역을 하거나 전문 하사가 되기도 한다.

부사관 - 병사와 장교의 중간 신분으로 병사를 통솔하고 전문 기술을 갖춘 간부, 즉 직업 군인을 말한다. 하사→중사→상사→원사까지 있으며 부사관은 대부분 병사와 부대끼며 같이 생활하고 같이 훈련하며 병사들을 집중적으로 가르치는 역할을 한다. 부사관은 현역으로 입대해서 병장에서 전역하지 않고 전문 하사부터 부사관을 시작한 사람과 병사를 거치지 않고 부사관 시험을 봐서 곧바로 하사로 입대한 사람이 있을 정도로 종류가 다양하다. 부사관들은 대부분 병사 경험이 있다 보니 병사 생활에 대해서 잘 알고 더 친숙하며 병사들이 친근하게 다가갈 수 있다.

준사관 - 부사관과 장교의 중간 계급이다. 한 마디로 부사관보다는 높고 장교보다는 낮은 계급이다. 준사관이 되려면 보통 부사관으로 일정 기간 이상 복무한 후 시험에 응시하여 통과해야 한다. 대한민국에서 준사관 계급은 준위밖에 없다.

장교 - 장교는 부사관과 병을 지휘하는 계급으로 사관학교 혹은 대학의 ROTC(Reserved Officer's Training Corps) 제도를 통해 선발된다. 대표적인 사관학교로는 육군사관학교, 육군3사관학교가 있으며 각 군별로 사관학교가 따로 있다. ROTC 제도는 각 대학별로 1, 2학년 때 선발하여 3, 4학년 때 군사 훈련과 학업을 병행하다가 졸업 후 바로 임관하는 제도를 말한다(ROTC 제도가 없는 학교도 있으니 ROTC를 지원하고자 한다면 꼭 확인 후 입학하기 바란다). 장교는 직업 군인이다. 물론 육사, 3사, ROTC, 학사장교 등으로 임관해서 의무 복무 일수만 채우고 전역할 수도 있지만 계속해서 군인이라는 직업을 가질 수 있다. 장교의 계급으로는 소위→중위→대위→소령→중령→대령→준장→소장→중장→대장이 있으며 준장부터는 장성급(★) 계급이라 칭한다.

112일째 날

군대에서는 위생에 신경을 많이 쓰는 것 같다. 행정보급관님은 바닥에 쓰레기가 굴러다니는 것을 허용하지 않는다. 담당 구역 청소라고 해서 분대별로 구역도 정해졌다. 복도, 화장실, 세면장, 도서관, 사이버 지식 정보방, 계단, PX, 체력 단련장 등 분대별로 한 달씩 돌아가면서 정해진 구역을 매일 청소한다. 보통 아침 점호가 끝나고 아침 식사 후 담당 구역을 청소하고, 저녁 식사 후 점호 전에 담당 구역을 한 번 더 청소한다. 담당 구역 청소와 함께 생활관 청소도 같이 한다. 어떻게 보면 군대에서는 하루의 시작과 끝을 청소로 한다. 신기한 것은 100명 넘게 같이 생활하는 공간이다 보니 매일같이 청소를 해도 또 지저분해진다는 것이다. 담당 구역 청소 시간이 되면 분대에서 밑에서 세 명 정도가 나와 담당 구역을 청소한다. 우리 분대는 열두 명이다. 원칙적으로는 다 같이 해야 하지만 열두 명까지 다 나설 필요는 없다. 내 위의 선임들은 내무검사가 있을 때만 나와서 도와주곤 한다. 물론 이러한 체제에 이의를 제기하는 사람은 없다. 오늘도 아침에 일어나 침구류 정리부터 시작해 아침 점호를 마치고 돌아와 생활관과 담당 구역 청소를 했고 저녁에 담당 구역 청소와 생활관 청소로 하루를 마무리했다.

청소는 꼼꼼히

 청소는 병사들의 건강과 직결되는 일이기 때문에 군대에서 가장 중요하게 여기는 활동 중 하나이다. 군대에서는 매일 아침과 저녁 담당 구역 청소 시간이 있다. 아침 점호가 끝나고 들어와 담당 구역 청소 후 아침을 먹고, 일과가 모두 끝나고 저녁 점호 전인 20시~20시 30분에 또 다시 담당 구역 청소를 한다. 하지만 이렇게 매일 청소를 하는데도 사람이 워낙 많다 보니 항상 더러워지게 마련이다. 그래서 군대에서는 주기적으로 청소를 열심히 해야 한다.

 자대에 와서 분대와 생활관이 정해지고 나면 그 분대나 생활관에 배정된 담당 구역을 청소하게 된다. 예를 들어 1분대는 도서관, 2분대는 중앙 복도, 3분대는 화장실, 4분대는 샤워장 등 자신이 생활하는 시설들에 분대별로 담당 구역이 배당되어 청소를 하게 된다. 이렇게 정해진 담당 구역은 분대별로 돌아가면서 전역 전날까지 청소하게 될 것이다. 군대에서는 매주 내무검사를 하기 때문에 내무검사 날은 더 깨끗하게 청소를 한다.

 청소는 분대원들과 함께하는 시간이기도 하다. 이 시간을 통해 분대원들과 한층 더 친해지는 계기가 되기도 한다. 원래 힘든 일을 같이 할 때 더 친해지고 우정도 쌓이게 마련인데 청소를 하면서 협동하고 담소를 나누다 보면 관계가 더 돈독해질 수 있다. 내가 생활하던 부대에서는 일과 시간에 각자 부서에 가서 일을 하다 보니 분대원들과 친해질 수 있는 시간은 청소 시간밖에 없었다. 그래서 청소를 하면서 이런 저런 대화를 나누고 더 친해지는 계기가 마련되었던 것 같다.

114일째 날

자대에 잘 적응해서 생활하고 있는데 훈련소에 있는 친구에게서 편지가 한 통 왔다. 친구는 이런저런 안부를 물어보고 이제 곧 수료식이 다가오는데 자대에서는 무엇이 필요하냐고 물어보았다. 나는 "자대에서는 어떤 물품들이 필요하지?"라고 스스로에게 질문을 하고 생각나는 대로 적어보았다. 자대에 와서 개인 숟가락을 받았다. 이 숟가락을 넣어 다닐 수 있는 수저통이 필요할 것 같고, 생활관에서 책을 읽거나 공부할 때 간이 테이블도 있으면 좋을 것 같다. 인가를 받아야 하겠지만 읽고 싶은 책이 있다면 가져와도 좋겠고, 관물대에 걸그룹 포스터나 종이를 붙일 만한 자석도 있으면 좋겠다. 또 운동을 좋아하는 사람은 줄넘기, 헬스 도구 정도가 있으면 좋겠고, 안경을 쓰는 사람이라면 훈련 때 사용할 만한 렌즈, 예비 안경, 여자친구가 있는 사람은 편지지, 그리고 생활관에는 컵이 따로 없기 때문에 개인 컵 혹은 텀블러가 있어도 좋겠다. 취침 후 잠이 오지 않을 때, 혹은 주말에 생활관에서 불이

꺼져 있을 때 무언가 하고 싶다는 사람은 북 라이트가 있어도 좋을 것이다. 빛이 들어오면 잠을 자지 못하는 사람에게는 안대, 이어 플러그를, 그리고 보급 수건 네 장으로는 부족할 수 있기 때문에 여분의 수건, 음악을 듣는 것을 좋아하는 사람에게는 CD플레이어를 추천해주고 싶었다. 이와 같이 생각해보니 자대에서는 정말 많은 것이 필요한 것 같다. 20개월 정도 생활해야 하는 곳에서 이 정도 필요한 것은 어떻게 생각하면 당연한 것 같기도 했다.

자대에서 필요한 물품

1년이 넘는 긴 시간 해외 여행을 간다고 생각해보자. 출국 당일 공항에 도착했을 자신을 머릿속으로 그려보자. 아마 이민 가방을 양손에 들고 있는 모습이 그려질 것이다. 군대도 일종의 장기간의 여행이다. 일주일 동안 여행을 가도 캐리어와 가방에 필요한 물품들을 이것저것 챙겨 가는데 당연히 군대에서도 필요한 물품들이 있을 것이다. 자대는 훈련소와 너무나도 다르기 때문에 처음 자대에 간 사람들은 무엇을 가져가야 하는지 감이 잡히지 않게 마련이다. 자대에 갔을 때 이런 저런 필요한 것들을 알려주는 친절한 선임이라도 있으면 좋은데 이런 친절한 사람이 없는 상황에서는 더욱 당황스럽다. 그래서 내가 현역으로 1년 반 넘게 자대 생활을 하면서 있으면 유용하고 사용하면 편리할 물품들을 적어보았다. 목록에는 사회에서 사와야 하는 물건들도 있고, 선임에게 물려받아야 하는 물건들도 있다. 물론 이는 군 생활을 하면서 꼭 필요한 물건들은 아니다. 다만 내가 필요하다고 느끼고 사용했을 때 유용했던 것들이다. 아래 물건들이 있다고 해서 결코 손해 보는 일은 없을 것이다.

군대는 생각보다 PX가 잘 되어 있어 세제, 로션, 비누, 바디 워시, 샴푸 등 대부분의 생필품은 PX에서 구할 수 있다. 그래서 PX에서 살 수 있는 것들은 제외하고 다음과 같이 리스트를 만들어보았다.

수저통 - 훈련소에서는 숟가락을 공용으로 사용했지만 자대에서는 개인 숟가락을 받는다. 이 숟가락으로 자신의 군 생활 동안 식사를 하게 될 텐데 수저통이 있어야 위생적으로 이를 관리할 수 있을 것이다.

간이 테이블 - 자신의 관물대 앞에서 책을 읽거나 공부를 하거나 편지를 쓰는 데 사용된다. 테이블이 있는 부대도 있지만 간이 테이블이 없는 부대도 있다. 있는 부대라면 있는 것을 활용하면 되고 없는 부대는 전역하는 선임에게 부탁해서 하나 얻어두면 여러 모로 유용하게 쓸 수 있을 것이다.

책 - 군대에도 도서관이 있지만 자신이 보고 싶은 책이 있으면 휴가 나갔을 때 가져 오면 된다. 하지만 군대에는 아무 책이나 가져올 수 없고 인가를 받아야 한다. 영외에서 가져온 책을 행정보급관에게 가져가서 인가를 받으면 되는데 거의 대부분의 책은 인가를 받을 수 있을 것이다.

자석 - 철제로 되어 있는 관물대에 종이나 포스터 등을 붙이는 데 유용하게 활용된다. 자석도 사오는 것보다 선임에게 몇 개 달라고 하면 쉽게 얻을 수 있을 것이다.

운동 장갑, 줄넘기, 운동 기구 - 군대에서 운동을 시작했다면 운동용품들이 필요할 것이다. 기본적으로 웨이트 트레이닝을 하는 사람은 운동 장갑, 살을 빼고 싶다면 줄넘기 등 자신에게 필요한 운동용품들을 가져온다면 운동하는 데 도움이 될 것이다.

렌즈 - 운동을 좋아하는데 안경을 쓰는 사람은 렌즈를 가지고 가길 추천한다. 나는 안경을 끼고 축구를 하다가 안경이 깨지면서 얼굴에 상처가 나고 안경을 쓰지 못한 적이 있어서 그 이후로는 축구를 할 때 항상 렌즈를 끼고 했다. 안경 때문에 다치고 싶지 않다면 여분의 렌즈를 항상 소지하고 있는 것이 좋다.

편지지 - 자대에서도 편지를 쓸 일이 종종 있다. 그러므로 훈련소 때 쓰다 남은 편지지를 조금 가지고 있어도 좋을 것이다.

컵, 텀블러 - 부대에서는 정수기로 물을 떠 마시게 된다. 정수기에 종이컵은 없기 때문에 개인 컵이나 텀블러 혹은 머그잔이 있으면 군 생활 동안 유용하게 사용할 수 있다.

북 라이트 - 주말에는 생활관 사람들이 불을 끄고 자는 경우가 많다. 그때 자는 사람들을 방해하지 않고 생활관에서 책을 읽거나 다른 일을 하고 싶다면 북 라이트를 켜고 자신의 자리에서 하고 싶은 일을 하면 된다. 나도 책을 많이 읽을 때는 남들이 잘 때

북 라이트를 켜고 책을 읽곤 했다.

안대 - 훈련소 때와 같이 자대에서도 밤에 잘 때 생활관마다 취침등이 켜진다. 그러므로 빛이 있으면 잠을 자지 못하는 사람에게는 안대가 꼭 필요할 수 있다. 또한 밤을 새워 당직 근무를 선 후 아침에 자야 되는 사람에게도 유용하다.

귀마개(이어 플러그) - 이어플러그는 코를 고는 사람이 있을 때에 필요하다. 특별히 이어 플러그는 나에게 꼭 필요한 물건이었다. 새벽 열두 시까지 책을 읽고 돌아오면 코를 고는 병사가 한두 명씩 꼭 있었기 때문이다. 나는 소리에 조금 민감한 편이라 코 고는 소리가 들리면 잠이 잘 안 오기 때문에 항상 이어 플러그를 끼고 잠을 잤다. 그러므로 소리에 민감하다면 이어 플러그를 꼭 챙길 것을 추천한다.

수건 - 수건은 신병 교육대에서 네 장이 기본적으로 지급된다. 그런데 자대에서 생활하다 보면 네 장으로는 부족함을 느끼게 된다. 그래서 나 같은 경우 밖에 나가서 넉넉하게 수건 여섯 장을 더 사왔다. 수건이 넉넉하게 있으니 여유 있게 빨아서 사용할 수 있었다.

CD플레이어, 정품 CD - 육군은 PMP 등 전자기기의 반입이 불가능하다. 그래도 CD플레이어는 인가를 받으면 반입이 가능하기 때문에 노래를 듣고 싶다면 CD플레이어를 가져오는 것이 좋다. 부대에서 CD는 정품 사용을 원칙으로 한다.

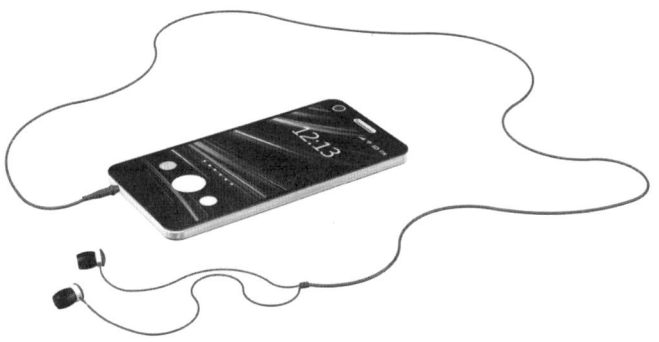

" 군대에서 첫 월급을 받는 날이었다. 매월 10일, 나라사랑카드 계좌로 월급이 들어온다. 일과가 끝나고 바로 ATM기로 달려갔다. ATM기 앞에는 자신의 계좌를 확인하려는 사람들로 줄이 길게 늘어서 있었다.

제 4장

이렇게 하면 누구나 성공적
- 이등병

50일째 날

"이병 송지완!"

훈련소에서는 112번 훈련병으로만 불리다가 자대에 오니 "이병 송지완"이라고 당당하게 말할 수 있어서 기분이 좋다. 달라진 점이 있다면 훈련소에서보다 덜 통제받는다는 점과 내 개인 시간이 더 많이 생겼다는 점이다. 훈련소에 있을 때는 교육 일과가 끝나고 나서도, 식사하러 갈 때도 조교의 통제 하에 같이 줄을 맞춰 가야 했고 이거 해라, 저거 해라 등등 시키는 일이 많았는데 자대에 오니까 그런 게 없어서 좋다. 그리고 그 무엇보다 과자를 먹을 수 있다는 것이 정말 행복하다. 훈련소에서 그렇게 먹고 싶었던 과자를 자대 PX에서 마음껏 사서 먹을 수 있다.

자대에서의 아침은 항상 긴장 된다. 점호 집합을 선임보다 일찍 나와야 하기 때문이다. 아침 점호 인원이 맞춰지면 밖의 연병장으로 나가서 점호를 받는다. 점호 후 식당으로 가서 아침을 먹고, 돌아와 담당 구역 청소를 하고 나면 본격적인 하루가 시작된다.

아침 청소를 마치고 돌아와 생활관에서 쉬고 있는데 "11생활관 전입 온 신병들 전원 행정반으로 와 주시기 바랍니다"라는 방송이 들렸다. 행정반에 가니 행정보급관님이 앞으로 2주 동안 우리는 작업을 하게 될 것이라고 말씀하셨다. 우선 복도부터 청소하라고 하셔서 쓸고 닦으면서 깔끔하게 청소했다.

이후에는 중대장님이 의자를 식당에서 강당으로 옮겨야 한다고 따라오라고 해서 의자 옮기는 일을 도왔다. 의자를 옮기고 강당을 한 시간 정도 쓸고 닦았다. 이후 점심을 먹고 또 다시 부대 분리수거장 청소를 하러 나갔다. 결국 오늘은 하루 종일 작업의 연속이었다.

네 시부터는 전투 체육 시간이라고 했다. 전투 체육 시간이 되면 전 병력이 연병장으로 나가 체조를 하고 뜀걸음을 하고 개인 체력 단련을 실시한다. 뜀걸음 후 막사로 들어가려는데 한 병장이 나에게 "어이 신병 축구 좀 하냐?"라고 물어보았다. 그래서 잘 하지는 않고 좋아한다고 말했다. 그랬더니 같이 축구를 하자고 하여 식사 시간 전까지 재미있게 축구를 했다.
저녁을 먹고 부대 간부님과의 면담 시간이 있었다. 면담을 하면서 신병 대기가 끝나고 내가 앞으로 2주 후에 일하게 될 부서가 정해졌다. 나는 어학병이기 때문에 참모부에 과가 배정되어 행정/어학 업무를 처리하게 된다고 한다. 부서가 정해지면서 나의 분대도 정해졌는데 나는 6분대가 되었다. 내가 6분대가 된 기념으로 우리 생활관에서 선임들이 나를 위해 분대 모임을 해 주었는데 우리 분대 선임들은 다 학력도 좋고 착하고 가족 같았다. 분대가 정해지고 나니까 나의 사수와 맞선임이 자연스럽게 정해졌다. 그렇게 분대 모임을 하고 분대장님이 전화도 하게 해주셔서 부모님과 통화를 하고 이후 점호를 했다. 빨리 2주 대기 기간이 끝나고 본격적으로 일을 하고 싶어졌다. 하지만 앞으로의 2주 대기 기간동안은 작업의 연속이겠지만 어떤 일이 주어지든지 열심히 해야겠다.

이등병의 하루

 훈련소에서 수료식을 할 때쯤 군복에 붙이는 이름표와 이등병 약장을 나누어 준다. 수료식을 하기 전까지는 OOO번 훈련병이라고 불리며 이름표도 없고 약장도 없는 상태로 훈련을 받는다. 그러다가 이등병 약장과 이름표를 받게 되면 이제 정말 군인이 되었구나라고 실감하게 된다. 훈련소에서 기차나 버스를 타고 자대에 오면 여러 계급을 볼 수 있다. 부대에 따라 차이가 있겠지만 운이 좋으면 장군까지 볼 수 있다. 이등병이란 계급은 군대라는 계급 사회에서 가장 낮은 계급인데 학교로 비유하면 1학년, 직장으로 비유하면 신입 사원 혹은 인턴 사원 정도이다.

 자대에 가면 나보다 높은 계급들 앞에서 자연스럽게 군기가 바짝 든다. 단단한 몸을 과시하며 웃통을 벗고 돌아다니는 말년 병장, 항상 누군가를 혼내고 있는 상병, 열심히 일하고 있는 일병과 이병들을 보면 훈련소와는 전혀 다른 분위기를 느낄 수 있다. 이 모든 것이 당연히 새롭고 금세 익숙해질 리 없다. 처음에는 걱정도 되고 자대에 대한 막연한 두려움이 있는 것이 어쩌면 당연하다. 하지만 걱정할 필요는 없다. 이 책에서 알려주는 대로만 따라오면 그 두려움이 기대감이 될 수 있을 것이다.

 신병 대기 기간인 2주가 지나고 자신의 분대가 정해지고 나면 사수가 정해진다. 사수는 전역을 얼마 안 남기고 부사수에게 자신이 하던 일을 가르쳐주는 사람이고 부사수는 사수가 하던 일을 인수하여 사수가 전역하면 그가 하던 일을 그대로 하게 될 사람이다.

분대가 정해지면 맞선임도 생긴다. 맞선임은 자신보다 먼저 분대에 온 바로 윗선임으로 맞후임에게 부대 생활에 대해 전반적으로 알려주고 교육을 시키는 선임이다. 맞후임은 맞선임에게 가르침을 받는 후임을 말한다. 맞선임은 주로 맞후임에게 자대에 대한 전반적인 설명과 주의 사항과 신경 써야 하는 부분들에 대해서 알려주며 모르는 것이 있으면 편하게 물어볼 수 있는 선임이다. 내가 군 생활을 할 때까지만 해도 '신병 과자'라는 것이 있었다. 맞후임이 오면 맞선임이 PX에서 과자와 생필품 등을 사주는 풍습인데 부조리라 해서 많이 사라진 추세이다. 물론 이런 관습이 아직 남아 있는 부대들도 있을 것이다. 군 생활을 어느 정도 하면 부대에서 그리고 분대에서 가장 친하게 지내는 사람이 맞선임, 맞후임일 것이다. 그러므로 맞선임과 좋은 관계를 맺어두는 것이 좋다.

이등병은 모든 것을 적응하는 단계이다. 모든 것이 낯설게 느껴질 것이다. 낯선 것이 당연하다. 하지만 두려워할 필요 없다. 이 모든 것이 익숙해지면 나중에는 자기 집처럼 느껴질 것이다.

59일째 날

저녁 점호 전 방송으로 간부님의 목소리가 들렸다.

"전 인원 중앙 복도로 집합!"

영문도 모르고 우리는 중앙 복도로 뛰어 나갔다.

"마음의 편지 결과를 발표하겠다. 병장 OOO, 상병 OOO, 상병 OOO 나와. 너네 신병들 건드렸냐?"

분위기가 싸해졌다. 선임들의 눈초리가 우리를 향했다. 사건의 전말은 이렇다. 누군가 선임 세 명이 사소한 이유로 혼냈다며 마음의 편지에 이름을 쓴 것이다. 이 사건 때문에 우리 부대는 발칵 뒤집어졌다. 세 명의 선임은 징계를 받을 수도 있었고 또 이 마음의 편지를 누가 썼는지 밝혀내기 위해 선임들은 나중에 우리를 추궁했다. 간부님이 가시고 심각한 분위기가 이어졌다. 어쩌면 우리 동기 중 한 사람이었을 수도 있다. 선임들이 우리를 보는 눈초리가 싸하다. 오늘 밤이 무사히 지나갈 수 있으면 좋겠다.

이등별

 군대에서는 이등병을 '이등별'이라고 부르기도 한다. 그만큼 이등병을 함부로 대하지 않는다는 의미이다. 이등병은 보호 대상이며 모두 관심 병사이다. 여기서의 관심 병사라는 말은 나쁜 뜻이 아니라 관심을 쏟아주어야 하는 병사라는 뜻이다. 이등병은 이제 막 자대에 와서 군 생활을 시작하는 병사이다 보니 군대에 대해서 아는 것이 별로 없다. 훈련소에서 기초적인 군 생활에 대해서는 배웠겠지만 자대는 훈련소와 너무나도 다르기 때문에 선임들은 이등병들이 잘 적응할 수 있도록 관심을 가져 주어야 한다.

 처음 이등병이 자대에 오면 잘 적응할 수 있도록 간부님들과 분대장이 기본적인 면담을 한다. 자대에서는 대체적으로 이등병이 잘 적응하기를 바란다. 그래서 이등병의 시기에는 기본만 잘 지키면 선임들은 적절한 군기만 유지하며 크게 혼내지 않을 것이다. 선임들은 이등병이 잘 할 것이라는 기대를 가지고 있지 않기 때문에 억지로 잘 하려고 하지 않아도 되며 이등병 때는 기본 정도만 지키면 된다.

 특히 훈련소에서의 행동 규칙과 자대에서의 행동 규칙은 다른 경우가 많다. 자대와 훈련소는 체제가 다르기 때문에 지켜야 하는 규칙들도 부대마다 다르다. 그렇기 때문에 이등병 때 자신의 자대에서 지켜야 하는 규칙들을 빠르게 파악하는 것이 중요하다.

이러한 규칙들은 자대에 가면 맞선임이 잘 알려줄 것이다. 하지만 이 과정에서 실수했다고 해서 기죽을 필요는 없다. 실수했어도 다음에 잘 하면 된다.

또 선임들이 이등병들에게 잘 해주는 이유는 '마음의 편지'라는 제도 때문이다. 군대에는 군 생활의 고충 내용을 익명으로 적어서 편지함 같은 곳에 넣어 해당 부대 간부가 알 수 있도록 하는 제도가 있다. 이전에는 '소원수리'라고도 불렸던 이 '마음의 편지'는 쉽게 말해 누구를 고발하는 형식을 갖추고 있다. 특히 선임이 후임에게 한 부조리한 행동에 대해 후임이 마음의 편지에 그 내용을 적어내면 이를 보는 해당 간부들은 이 내용에 대한 진위 여부를 파악하고 이에 대한 조치를 하게 된다.

군대에서는 고발하는 것을 '찌른다'라고 표현하며 고발당한 것을 '찔렸다'라고 표현한다. 군대에 대해 잘 모르는 이등병들은 멋도 모르고 마음의 편지를 이용하는 경우가 많다. 하지만 자신이 이등병이라고 해서 이 마음의 편지를 너무 남발해서는 안 된다. 익명이라고는 하지만 생각보다 군대가 좁은 조직이기 때문에 누가 썼는지 조사하면 다 나올 수밖에 없다. 자신이 이 마음의 편지 제도를 남용한 것이 발각되면 이미지가 나빠지고 추후 군 생활이 힘들어질 수 있다. 그래서 마음의 편지는 많은 고민 후 정말 참기 힘들 때 사용하는 것이 좋다.

군대에서는 '국방헬프콜'이라는 콜센터도 운영하고 있다. 그러므로 고민이 있거나 부조리를 겪은 경우 군 전화 1303으로 전화하여 상담받고 조치를 받는 방법도 있다.

혹시 군 생활에 정말 고민이 있다면 나의 메일로 상담을 요청해도 좋다. 나는 군대 블로그를 운영하면서 꽤 많은 사람의 고민을 듣고 조언해주었다. 휴가를 나왔는데 복귀가 꺼려지며 심지어 군 생활이 힘들어 자살을 하고 싶다는 사람도 있었고, 군 생활 적응을 잘 못하고 있는 군인을 걱정하는 곰신(군인의 여자친구)의 걱정 어린 쪽지도 받아보았다. 혹시 군 생활 관련 고민을 나에게 메일로 보내주면 이런 경험들을 바탕으로 가능한 한 도움을 줄 수 있도록 최선을 다할 것이다.

61일째 날

우리 부대는 좀 특이하게 점호를 맞춘다. 점호를 맞춘다는 것은 당일 저녁 점호를 받는 인원과 다음날 아침 점호를 받는 인원이 총 몇 명인지 생활관별로 조사해서 행정반에 가서 보고하는 것이다. 보통 저녁 청소 후 행정반에서 점호를 맞추라는 방송이 나오면 아무나 한 명이 행정반에 가서 행정반에 있는 컴퓨터 엑셀 파일에 현황을 적으면 된다.

그런데 이 '아무나 한 명'이란 것이 참 애매하다. 오늘은 이 '아무나 한 명' 때문에 큰 사건이 하나 있었다. 청소를 마치고 생활관에 있는데 점호를 맞추라는 방송이 들렸다. 이때 나는 아무나 한 명이 가겠거니 생각했다. 우리 생활관에 나 외에도 동기 네 명이 더 있었고 한두 달 차이나는 동기 같은 선임 네 명이 더 있었지만 행정반 근처에 있는 사람이 맞추겠거니 하고 그냥 가만히 있었다.

5분 후, 점호가 맞춰지지 않은 생활관들을 부르는 방송이 한 번 더 들렸다. 물론 그 중에 우리 생활관도 포함되어 있었다. 그때 내가 맞추러 갈까 생각했지만 어제도 내가 맞춘 것 같고 그제도 내가 맞춘 것 같다는 생각이 들어서 오기가 생겨 가지 않았다. 그리고 세 번째, 우리 생활관만 점호를 맞추지 않았다고 빨리 아무나 한 명 오라고 방송을 했을 때도 누군가 가겠지라는 생각을 가지고 그냥 내 할 일을 하고 있었다. 그리고 3분 후, 화가 많이 난 목소리로 "11생활관 전원 행정반으로 나와!"라는 소리가 들렸다. 이때 생활관에 있던 우리는 큰일이 났다는 것을 직감했다. 우리는 부리나케 행정반으로 달려갔다. 가니까 무서운 병장 몇 명과 분대장 몇 명이 모여 있었다.

"너네 뭐냐?"

"너네 이등병이지? 이등병이 이렇게 빠져도 되는 거야?"

이 말을 시작으로 우리는 족히 한 시간이 넘게 혼났다. 그리고 마지막에 병장 한 명이 소리쳤다.

"이등병이면 이등병답게 똑바로 해!"

이 말이 아직도 기억에서 사라지지 않는다. 이등병답게 한다는 것이 무엇일까. 오늘은 우리가 확실히 잘못했다. 나도 잘못했고 우리 생활관에 있는 모든 사람이 다 잘못했다. 이등병다운 행동이 무엇인지 생각을 하게 되는 하루였다.

이등병이면 이등병답게

"이등병이면 이등병답게 해라!"

이 말은 내가 이등병일 때 정신을 바짝 차리게 된 한 마디였다. 이 사건 이후로 나는 우리 분대장에게 불려가 또 한 마디를 들었다. 분대장은 이런 말을 했다.

"네가 생각하기에 해야 하겠다 싶은 것은 하면 되고 하면 안 되겠다 싶은 것은 하지 않으면 돼".

나는 이 사건을 통해 분대장이 한 말과 선임들이 한 말들을 기억하며 초기에 군 생활을 했다. 어떤 행동을 하려고 했을 때 내 계급에 하면 안 되겠다 싶은 것은 하지 않았고 해야겠다 싶은 것은 했다. 이렇게 하는 것이 가장 이등병다운 행동일 것이다. 아무도 청소를 하지 않는데 누군가는 해야 될 것 같으면 청소를 하고, 전화를 하고 싶지만 전화할 시간이 아니라면 하지 않는 등 이 원칙을 따라 행동한다면 이등병다운 모습을 갖춘 이등병이 될 수 있을 것이다.

1년이 넘게 지났지만 이때의 기억이 아직도 머릿속에 선명하게 남아 있다. 그때 그 병장의 말처럼 이등병은 이등병다운 모습을 보이는 것이 좋다. 이등병이라면 좀 군기가 잡혀 있고, 긴장하고 있고 절도 있는 모습을 갖추고 신속하게 행동해야 한다. 선임들에게 좋은 인상을 남기고 싶을 때, 별다른 특별한 일을 하지 않아도 된다. 그저 이등병은 이등병다운 모습을 보이면 되는 것이다.

64일째 날

자대에 온 지 벌써 한 달 정도가 되었다. 이제 많은 것이 익숙해지고 이등병 생활에도 슬슬 몸이 적응하기 시작했다. 내가 전입 오고 나서 일주일 정도 후에 전입온 동기 한 명이 있다. 이 친구는 자대에 온 지 얼마 되지 않아 사고를 쳤다. 청소를 안했는데 했다고 선임에게 거짓말을 했다가 결국 들통이 난 것이다. 다행히 큰 사고는 아니었지만 이 사건 이후로 이 친구는 정말 많이 혼났고 결국 선임들의 눈 밖에 났다. 이 친구는 실수를 만회하려고 열심히 노력했지만 무슨 일을 해도 전에 거짓말을 한 이미지가 남아 있었기 때문에 선임들이 좋은 눈으로 보지 않는 것 같았다. 반면에, 내 동기 중 한 명은 항상 밝게 웃고 다니고 경례도 잘 해서 전입온 지 얼마 되지 않아 선임들의 예쁨을 독차지했다. 이후 청소 시간에 약간 늦는 실수를 했음에도 불구하고 선임들이 귀엽게 넘어가주는 것을 보면서 초반에 형성되는 이미지가 군 생활에 큰 영향을 미친다는 것을 실감할 수 있었다.

첫인상이 중요하다

심리학에 '초두 효과'라는 개념이 있다. 이는 처음 제시된 정보 또는 인상이 나중에 제시된 정보보다 기억에 더 큰 영향을 미치는 현상을 말한다. 이처럼 이등병 때의 첫인상은 그 사람의 남은 군 생활을 좌우한다 할 정도로 중요하다. 나는 군 생활을 하면서 수많은 이등병을 만나고 봐왔다. 이등병 개개인마다 특성이 다 달랐는데 친해지고 싶고 다가가고 싶은 이등병이 있는가 하면 별로 잘해주고 싶지도 않고 다가가고 싶지 않은 이등병들도 있었다.

극단적으로 선임들 사이에서 후임들에 대한 평가는 두 가지로 나뉜다. 선임들이 좋아하는 'S급 병사'와 부정적인 의미인 '폐급 병사'로 구분되는 것이다. 신기한 것은 선임에게 이렇게 한번 분류가 되면 그 이미지를 지우고 싶어도 잘 지워지지 않는다는 점이다. 한 마디로 이등병 때의 첫 이미지가 별다른 일이 없으면 끝까지 간다는 말이다. 또한 아침에 잘못을 한 가지 하면 그 날 오후면 부대원 모두에게 퍼져 있을 정도로 군대에서는 정보의 전달이 빠르다.

"첫 단추를 잘 끼워야 한다"라는 말도 있다. 다들 한 번씩은 경험해 보았을 것이다. 셔츠를 입는데 첫 번째 단추를 한 칸씩 밀려 잠그면 다 잠갔을 때 단추 하나가 남아 풀고 처음부터 다시 잠가야 한다. 반면에 첫 단추를 잘 잠그기만 하면 두세 번째에서 잘못 잠그는 경우는 거의 없고 잘못한다 해도 중간에 잘못된 단추만 새로 고치면 된다. 첫 단추를 잘 끼워야 하는 것처럼 이등병 때도 첫인상을 좋게 남기는 것이 중요하다. 이때 잘하면 마지막 단추를 한번만 수정하면 되듯이 나중에 일병, 상병이 되었을 때 실수를 하더라도 다시 만회할 수 있을 것이다.

73일째 날

평범한 주말이었다. 저번 주말과 같이 푹 쉬면서 보냈다. 오늘은 선임들과 축구를 했다. 아침 점호가 끝나고 방송으로 오늘 점심 먹고 축구를 하겠다는 방송이 나왔다. 선임들이 어제 나는 꼭 참여하라고 했기 때문에 점심을 먹고 축구할 준비를 했다. 나는 축구를 잘 하는 편이 아니다. 고등학교에 다닐 때도 축구를 거의 하지 않았고 대학교 동아리에서 축구할 때도 인원을 맞춰야 할 때만 뛰곤 했다.

축구를 잘 하진 못했지만 군대에서 축구를 한 번 해보니까 시간도 잘 가고 재미있어 앞으로도 자주 참여하려고 한다. 축구가 무엇보다 좋은 점은 선임들과 친해질 수 있다는 것이다. 고등학생 때 레슬링을 하면서도 그랬는데 같이 땀을 흘리고 운동하면 더 친밀해지는 기분이었다. 축구를 하면서도 같이 땀 흘리고 패스를 주고받고 서로 소통하며 선임들과 좀 더 친해지게 되었다. 보통 축구 후 다 같이 샤워를 하는데 그때마다 나는 선임들에게 "고생

하셨습니다"라고 하고 선임들은 "고생했어"라고 이렇게 한 마디씩 주고받으면 선임들과 한층 더 가까워진 느낌이 들었다. 축구가 끝나고 샤워 후 생활관에서 쉬고 있는데 선임들이 와서 PX를 가자해서 갔더니 고생했다고 냉동 식품과 과자와 음료수를 사주셨다. 이처럼 운동을 통해 선임들과 더 친해질 수 있어 좋았다.

운동으로 선임들과 친해지기

 선임들과 친해지고 싶은데 방법을 모르겠다면 우선 운동을 활용하는 것이 좋다. 군대에서는 실제로 운동할 시간이 많고 또 하고 싶지 않아도 많이 하게 될 것이다. 군대에서는 '전투 체육'이라 해서 매일 일과를 마치는 시간인 16시부터 운동을 해야 한다. 이 시간에 체력 단련도 하지만 부대끼리 구기 종목(축구, 풋살, 농구, 족구 등) 게임도 많이 하게 될 것이다. 운동을 할 때는 누구나 적극적인 사람을 좋아한다. 누가 시키지 않아도 알아서 하겠다고 하고 모든 일에 적극적인 사람을 보면 그 사람에게 호감이 가게 마련이다. 그러므로 어떤 운동이든 적극적으로 참여한다면 선임들의 눈에 띄어 좋은 관계를 유지할 수 있을 것이다.

 군대에서 가장 많이 하는 운동은 축구 혹은 풋살이다. 풋살은 5~6명이 한 팀이 되어 하는 작은 축구이고 축구는 열한 명이 하는데 보통 사람이 많은 경우 축구를 하고 사람이 별로 없을 때는 풋살을 한다. 군대에서의 축구를 독일의 축구 리그 '분데스리가'를 패러디해서 "군대스리가"라고도 부르는데 이만큼 축구는 군대에서 빼놓을 수 없는 운동 종목 중 하나이다.

 자대에 신병이 오면 많은 선임이 형식적으로 "축구 좀 하냐?"라고 물어볼 것이다. 내 경험상 대부분 신병의 대답은 "잘 못하는데 좋아합니다"였는데 만약 실제로 잘 한다면 잘 한다고 기량을

뽐내면 된다. 하지만 자신이 축구를 싫어한다면 괜히 점수 따려고 '한번 해보겠습니다' 하지 말고 그냥 축구를 하지 않는다고 못 박아두는 것이 낫다. 이 경우 인원을 꼭 채워야 하지 않는 한 강제로 축구를 시키지는 않을 것이다. 어설프게 한 번 한다고 했다가 좋아하지도 않는데 매번 축구를 하러 끌려 다닐 수 있기 때문에 자신의 의사를 명확하게 밝히는 것이 좋다. 물론 축구를 잘 한다면 선임들이 좋아할 것이다. 축구하는 데 자주 데리고 나갈 것이고 이 경우 선임들과 친해질 수 있는 확률이 아주 높다. 하지만 축구를 잘 못한다 해서 선임들이 혼내지는 않을 것이다. 오히려 잘 못하는데 열심히 뛰면 더 좋게 봐줄 수도 있다. 내가 이런 경우였다. 이렇게 운동을 통해 선임들과 자연스럽게 친해지는 것은 좋은 방법이다. 아무래도 같이 땀 흘리고 운동한 사람과 더 친밀해질 수밖에 없다. 운동에 적극적으로 참여하겠다고 나선다면 분명 선임들과 친해질 수 있을 것이다.

운동을 하기에 앞서 주의할 사항이 있다. 바로 다치지 말고 운동해야 한다는 것이다. 나는 군대에서 축구를 하면서 많이 다쳤다. 공에 맞아 안경이 부러져 얼굴에 상처가 난 적도 있었고 무릎과 발을 다쳐 CT를 찍은 기억도 있다. 이처럼 군대에서 축구를 하다 다치는 사람이 정말 많다. 또 운동장은 흙이고 풋살장은 인조 잔디이다 보니 한 번 넘어지면 크게 다칠 수 있다. 그러니 과도한 승부욕은 접어두고 안전을 최우선으로 생각하여 다치지 않고 즐겁게 운동하는 것이 현명한 일이다. 특히 축구를 할 때 준비

운동을 하지 않고 바로 시작하는 경우가 많은데 꼭 준비운동을 해서 몸을 약간 풀어준 뒤 운동을 하면 큰 사고를 예방할 수 있을 것이다.

78일째 날

오늘도 아침 점호를 받고 식사를 하고 아침 담당 구역 청소 후 일과에 투입하는 학과 출장 준비를 했다. 이등병 초반에는 누가 우리 선임이고 누가 타 부대 사람인지 잘 몰라 헷갈렸다. 그런데 자대에 온 지 한 달 정도 되니까 누가 우리 선임인지 쉽게 구분할 수 있게 되었다. 식사하러 오고 가며, 청소를 하는 중 선임들이 보이면 손을 올리고 경례를 하며 큰 목소리로 "충성"이라고 하는 것이 습관이 되어버렸다.

여덟 시에 있을 학과 출장 전, 나는 습관처럼 생활관에 붙어있는 식단표를 확인한다.

"아침은 비엔나 소시지에 미역국, 점심은 돈가스에 짬뽕국, 저녁은 명태 순살 조림에 된장국이구나."

한 번만 보고 가도 잘 잊지 않는다. 이렇게 외우는 이유는 조금 이따의 상황을 위해서이다. 여덟 시에 학과 출장을 하기 때문에 5분 전인 7시 55분에는 생활관에서 나와 중앙복도에 서 있는다.

이등병에게 신속함은 생명이다. 선임들보다 늦게 나오면 눈치가 보인다.

중앙 복도에서도 학과 출장을 나오는 선임들에게 "충성, 편히 쉬셨습니까?"하며 인사를 하고 웃음을 잃지 않는다. 여덟 시가 되면 학과 출장 인원이 다 모여 중대장님께 보고를 드리고 각자의 일을 하러 간다. 나는 물론 우리 분대와 함께 제식을 맞추어 움직인다. 가는 도중에 선임이 간부님의 심부름으로 무거운 짐을 들고 있었다. 선임의 눈치를 보고 "주십시오, 제가 들겠습니다"라고 말했다. 그러자 선임은 "아냐, 내 건데 내가 들어야지"했다. 그래도 내게 반이라도 달라 해서 반을 들어드렸다. 선임은 내색하지 않았지만 싫지 않은 눈치였다.

오전 일과를 마치고 다 같이 식사를 하러 내려오는 중에 선임이 혼잣말을 했다.

"오늘 점심 뭐였지?"

아침에 외워놓았던 식단표가 빛을 발하는 순간이었다.

"오늘 점심 돈가스에 짬뽕국입니다, 상병님."

선임들은 나의 준비성에 놀라움을 금하지 못했다. 나는 칭찬받았고 하루 종일 기분이 좋았다. 아, 오늘은 내 맞선임인 000일병님이 나에게 우리 분대 '짬표'를 주었다. 짬표란 계급별로 누가 높고 누가 낮은지, 어느 과 어디에서 근무하는지, 어느 생활관에 있는지, 전역 날은 언제인지 등을 모아 놓은 표였다. 이 표를 받고 이제 실제로 분대 생활이 시작이구나라는 것을 느낄 수 있었다.

S급 신병

 군대는 비공식적으로 신병들의 평판을 나눈다. 다들 마음속으로 좋아하는 후임이 있고 싫어하는 후임이 있다. 여기서 선임들이 좋아하는 신병은 아마 주로 'S급 신병'일 것이다. S급 신병이란 군 생활을 잘 하고 있고 선임들 사이에서 평판이 좋은 신병을 말한다. S급 신병이 되면 좋은 점은 군 생활을 편하게 할 수 있다는 것이다. 군대가 힘든 이유는 대부분 선·후임 간의 관계 때문이다. 선임이 너무 괴롭히거나, 후임이 너무 말을 안 듣거나 해서 생기는 갈등 때문에 군 생활이 힘들어지곤 한다. 경험해보니 대체적으로 S급 신병이 나중에 계급이 올라가서도 사고도 치지 않고 분대장도 하고 좋은 선임이 되었던 것 같다.

 이렇게 S급 신병이 되면 군 생활을 하는데 정말 유리하다. 많은 사람이 어떻게 해야 S급 신병이 될 수 있을지에 대해 궁금해한다. 생각보다 어렵지 않다. 좀 과장 같지만 위 일기처럼만 하면 충분히 S급 신병이 될 수 있다. 그렇다면 위 일기를 토대로 S급 신병이 되는 방법에 대해 더 자세히 알아보겠다. 다음의 'S급 신병이 되는 방법'은 나의 주관적인 생각이다. 납득가지 않는 부분이 있다면 참조만 하기 바란다.

S급 신병이 되는 방법

경례 - 경례는 군대에서의 상급자에 대한 기본적인 예의이며 이등병의 첫인상을 결정하는 가장 중요한 요소이다. 부대마다 선·후임 간 경례를 하지 않게 한 부대들도 있지만 경례를 하는 부대에서는 경례만 잘 해도 선임들에게 호감을 살 수 있다. 경례를 잘 하려면 내 선임이 누구인지 먼저 파악하는 것이 중요하다. 자대에서는 자신의 부대 선임들만 선임이라 하고 다른 부대 사람들은 "아저씨"라는 호칭을 사용한다. 군대에서는 "아저씨"라는 단어 대신 "용사님" "전우님"이라는 단어로 순화하라고 하지만 아직 병사들 사이에서는 아저씨라는 호칭을 사용한다. 이렇게 다른 부대 사람들에게는 경례하지 않아도 되고 자신의 부대 사람들에게만 경례하면 된다. 사회에서 남에게 자신을 기억하게 하는 것이 인사이듯이 군대에서 선임들에게 자신을 기억하게 하는 방법이 바로 경례이다. 모든 선임은 경례 잘 하는 후임을 좋아한다. 그러므로 이등병 때 선임들에게 경례를 잘 하여 모든 선임이 좋아하는 후임이 된다면 군 생활이 편해질 수 있을 것이다.

식단표 숙지 - 군대에서는 매달 식단표가 나온다. 이 식단표를 통해 해당 날의 아침, 점심, 저녁 식단을 확인할 수 있다. 나는 일병 때까지는 이 식단표를 들고 다니며 선임들에게 오늘의 식단이 무엇인지 알려주곤 했다. 누가 시켜서 한 것은 아니고 그냥 매일 식단을 궁금해 하는 사람이 한 명씩은 꼭 있었기 때문에 그들에게 알려주면 좋을 것 같다는 생각에 식단표를 인쇄해서 항상 지니고 다녔다. 식단표를 가지고 다니는 것은 선임을 배려하기 위한 하나의 센스이다. 하기 싫으면 하지 않아도 된다. 하지만 선임들에게 잘 보이고 싶다면 이 방법을 적극적으로 추천한다.

웃음 - 흔히 "웃는 얼굴에 침 못 뱉는다"라고 한다. 인상 쓰지 않고 웃음을 잃지 않는 것은 사회에서뿐만 아니라 군대에서도 중요하다. 일상생활에서도 항상 인상 쓰고 있는 사람보다는 항상 기분 좋게 웃으면서 다니는 사람에게 더 호감을 갖는다. 군대에서도 마찬가지이다. 웃는 후임에게 더 정이 가고 더 챙겨주고 싶어지게 마련이다. 그러나 웃지 말아야 할 상황에서 눈치 없이 웃는다면 진정성이 없다고 느껴질 수 있기 때문에 상황에 맞게 적절한 웃음을 짓는 것도 중요하다. 이등병 때 항상 웃음을 잃지 않고 진정성 있게 대한다면 선임들도 그 이등병에 대해 좋은 인상을 가지게 될 것이며 이런 모습들을 통해 선임에게 좋은 인상을 남길 수 있다.

신속함 - 가장 이등병다운 모습을 한 단어로 표현하라면 '신속함'일 것이다. 이등병에게 신속함은 하루가 시작될 때부터 발휘되어야 한다. 기상 방송이 울리자마자 신속하게 침구류를 정리해야 하며, 신속하게 옷을 입고 점호에 나갈 준비를 해야 한다. 또 청소할 것이 있다면 먼저 나서서 해야 하고 다 같이 짐을 들어야 할 때는 먼저 무거운 것을 들러 가야 한다. 이러한 것이 신속함이다. 이처럼 무엇을 하든지 이등병이 모든 일에 신속하면 선임들에게 좋은 인상을 남길 수 있다. 물론 일을 신속하게 하라고 해서 대충하라는 뜻은 결코 아니다. 어려운 일이지만 신속하게 하는 동시에 정확하게 해야 한다. 이는 연습이 좀 필요하겠지만 이등병 때부터 신속하게 하는 훈련을 하다 보면 어느 순간 신속함이 몸에 배어 있는 자신을 볼 수 있을 것이다.

눈치(센스) - 눈치는 흔히 우리가 말하는 센스라고 할 수 있다. 쉽게 말하면 눈치 있다는 것은 남의 생각을 읽는다는 것을 말한다. 사실 나도 군대에 오기 전까지는 이런 눈치가 전혀 없었다. 하지만 군대에서 선임들이나 간부들이 하는 것들을 보면서 눈치 있게 행동하는 방법을 배울 수 있었다. 팁을 하나 주자면 보통 눈치를 볼 때 사람의 얼굴을 보면 표정에 그 사람의 생각이나 감정이 드러나는 경우가 많다. 이 표정을 보고 읽어 분위기에 맞추어 행동한다면 그 사람의 기분을 맞출 수 있다. 눈치가 없다고 걱정할 필요는 없다. 나도 이 모든 것을 군대에서 배웠다. 사실 눈치 있는 행동의 첫 걸음은 앞에서도 언급하였듯이 시키지 않아도 먼저 하는 것이다. 남들보다 먼저, 말하지 않아도 알아서 척척 한다면 그 행동 자체가 눈치 있는 행동이다.

선임 이름 외우기 - 누구든지 사람은 상대방이 자신의 이름을 불러주는 것을 좋아한다. 그렇기 때문에 선임의 이름을 잘 외워서 불러주는 것은 선임에게 좋은 인상을 남길 수 있다. 예를 들어 "저기… 이것 좀 알려주시겠습니까?"보다 "OOO 일병님 이것 좀 알려주시겠습니까?"라고 말하는 것이 선임들이 듣기에 더 좋다. 누구든지 자신의 이름을 불러주면 '이 사람이 나를 기억하는구나'라고 느끼며 호감을 가지게 마련이다. 그러므로 빨리 선임들의 이름을 외워 이름을 불러주어 선임들과 친해질 수 있도록 하자.

80일째 날

오늘은 나의 하루를 좀 자세하게 적어보려고 한다. 06시 30분에 기상 나팔이 울리고 눈을 뜨면서 군대에서의 80번째 아침이 시작되었다. 일어나서 가장 처음 하는 활동은 침구류 정리이다. 침낭을 돌돌 말아 접고, 모포를 가지런히 개고, 내 침대 머리맡에 두는 것으로 하루가 시작된다. 06시 45분까지 중앙 복도에 아침 점호 집합을 하라는 말을 듣고 서둘러 활동복에서 전투복으로 갈아입었다.

점호 집합을 나가면서 물로 간단하게 얼굴만 닦고 중앙 복도에 서 있었다. 인원 파악이 끝나고 연병장으로 내려갔다. 07시에 아침 점호를 실시했다. 연병장에서의 점호는 항상 함성으로 시작한다.

"전방에 힘찬 함성 3초간 발사!"

"와~~~~~~"

각 부대의 보고가 끝나면 방송에 맞춰 체조를 하고, 이후 뜀걸음을 실시한다. 이 모든 과정이 다 끝나면 07시 30분 정도가 된다.

간단하게 청소를 하고 아침 식사를 하고 씻고 오면 여덟 시가 된다. 그럼 오늘의 일과를 하러 분대와 모여 학과 출장을 한다. 오전 일과는 08시 30분부터 11시 30분까지이다.

오전 일과를 열심히 마치고 점심을 다 먹고 오면 12시 10분 정도가 된다. 이때부터 나는 최근에 계획을 세운대로 오후 일과를 시작하기 전인 13시까지 한 시간 정도 책을 읽는다. 내 목표 중 하나가 책 100권 읽기이기 때문에 나는 점심 시간을 활용해서 책을 읽기 시작했다.

13시에 다시 오후 일과에 투입되어 일을 마치고 오면 16시이다. 오후 일과 후 바로 활동복으로 갈아입고 전투 체육을 준비한다. 전투체육은 16시에 시작하여 아침 점호 때와 같이 체조 후 뜀걸음을 한다. 뜀걸음 후에는 개인 체력 활동을 할 수 있다. 나는 이 시간을 활용하여 뜀걸음을 하면서 땀을 낸 김에 체력단련장에 가서 근력 운동, 즉 헬스를 40분 정도 한다. 운동이 다 끝나면 17

시이다. 이후 씻고 밥을 먹으러 간다. 저녁을 먹고 오면 18시 정도가 된다.

18시부터 20시까지는 수학 문제를 푼다. 고등학생 때 수학을 포기했기 때문에 수학에 도전해보고 싶었다. 그래서 최근 '수학 고등 과정까지 끝내기'라는 무모한 계획을 세웠다. 저번에 외출 나가서 사온 중학교 수학부터 차근차근 풀기 시작했다. 20시부터 21시까지는 담당 구역 청소 후 생활관에 있는 기타로 기타 연습을 30분 정도 했고 21시부터 저녁 점호를 하고 22시 취침 소등을 했다. 취침 소등을 해도 나의 하루는 아직 끝나지 않는다. 나는 매일 밤 연등 제도를 활용한다. 이 시간을 활용해서 일기를 쓰고 수학 공부를 더 하고 책도 읽으며 마지막 30분에는 성경을 읽는다. 이렇게 하면 나의 하루가 끝이 난다. 00시(밤 열두 시)에 다시 생활관으로 복귀해서 아침 06시 30분까지 잠을 잔다. 하지만 그날 밤 근무가 있는 날은 연등을 하지 않을 때도 있다.

84일째 날

오늘은 토요일이다. 부대에서 좀 지내고 나니까 그래도 주말이 가장 편하고 좋은 것 같다. 주말에는 아침 점호 이후부터 저녁 점호 전까지 식사 집합과 근무를 제외하고는 내가 원하는 것을 할 수 있다. 나는 주말을 활용한 목표와 계획을 세워 이 시간에 자기계발을 하기로 했다. 아침 점호가 끝나고 아침을 먹고 간단하게 씻고 바로 병영 도서관으로 갔다. 물론 도서관은 텅텅 비어 있었다. 자대의 주말을 한 마디로 표현하자면 고요함이다. 대부분 평일에 쌓인 피로를 주말에 잠으로 해소한다. 하지만 나는 도서관에 가서 오늘의 계획을 짜면서 하루를 시작했다.

요즘은 이렇게 주말 남는 시간에 무엇을 할지 고민을 많이 한다. 20대의 초반에 군대에서 아무것도 하지 않고 나간다면 뭔가 손해를 볼 것 같다는 생각이 들었다. 그래서 계획을 세워 차근차근 뭔가를 달성하고 나가려고 한다. 계획대로 오전 시간에는 책을 읽고, 수학공부를 했다. 점심을 먹고 오후에는 동기들과 탁구를 한 판 치고 다시 돌아와 수학공부를 마저 하고 독후감도 썼다. 저녁 먹기 전 네 시부터는 체력단련장에 가서 운동을 하고, 돌아와 저녁을 먹고 또 좀 쉬다 기타 연습을 좀 하고 책을 읽었다. 사회에서는 할 일이 많아 이렇게 할 수 없었는데 군대에서는 이렇게 마음 편하게 있을 수 있어 좋다. 이렇게 책을 읽고 공부를 하며 주말 하루가 끝났다. 오늘 야간에 근무가 있는 점을 빼고는 아주 좋은 주말이었다.

군대에서 목표와 계획 세우기

 어떤 기관에서 하버드 MBA 재학생들을 대상으로 한 실험을 했다. 하버드대학교에서 재학 시절 뚜렷한 목표를 세우고 그것을 달성하기 위한 구체적인 계획을 세운 학생은 전체의 3%였고 전체의 13%는 목표는 뚜렷했지만 구체적인 실천 계획은 없었다. 목표와 계획이 뚜렷했던 3%는 나머지 97%의 평균 수입의 열 배에 달하는 수입을 올리고 있었고 목표만 있던 13%는 나머지 평균보다 두 배의 수입을 올리고 있었다. 이는 목표의 중요성을 입증하는 한 실험이었는데 이처럼 군대에서도 목표를 세우고 이를 달성하기 위한 계획을 세우는 것이 중요하다. 어떤 일을 하든지 구체적인 목표와 계획이 있는 사람과 계획조차 없는 사람의 차이는 크다.

 나는 그냥 갑자기 여행을 가고 싶어서 혼자서 1박 2일 동안 무계획으로 강릉으로 여행을 간 적이 있다. 당시에는 그냥 가면 무엇이라도 하겠지라는 생각으로 갔다. 하지만 2일 동안 내가 한 일은 아무것도 없었다. 무언가 하려고 해도 목적이 없었고 계획이 없었기 때문에 아무것도 하지 않고 걸어만 다니다 다음날 온 기억이 있다. 모든 것이 그렇다. 계획과 목표가 없으면 시간을 낭비하게 마련이다.

 그러므로 입대 후 전역하기 전까지 무엇을 달성하고 싶은지 구체적인 목표와 이를 이루기 위한 계획을 세워 두는 것이 좋다. 21개월이라는 시간은 결코 짧은 시간이 아니기 때문이다. 이 시간을 어떻게 활용하느냐에 따라 단기적으로는 군 생활이, 장기적으로는 미래가 바뀔 수도 있다.

그렇다면 군대에서 목표는 어떻게 세우고 계획은 어떻게 짜며 시간 관리는 어떻게 해야 하는지 더 자세히 알아보도록 하자.

군대에서 세우는 목표

나는 훈련소를 수료하고 자대에 와서 자기 계발을 할 수 있는 시간이 꽤 많다는 것을 알게 되었다. 일과 시간이 끝나고 개인 정비 시간에 자기 계발을 할 수 있었고 야간에는 개인 공부 시간인 연등 시간, 주말에 있는 개인 정비 시간들을 잘 활용한다면 크고 작은 목표들을 이룰 수 있겠다는 생각이 들었다. 그래서 나는 이를 실천으로 옮겨 무작정 노트 위에 전역 전까지 이루고 싶은 목표들을 나열했다. 내가 설정한 목표에는 여러 가지가 있었는데 그중 대표적인 세 가지만 소개하려고 한다.

-특급 전사 되기
-수학 고등 과정까지 끝내기
-책 100권 읽기

얼핏 봐서는 달성하기 힘들어 보이는 목표들이다. 수학은 중학교 과정부터 고등학교 과정까지 다 해야 했고 어떻게 따는지도 모르는 특급 전사와 책 100권을 읽기는 처음에는 아무리 생각해도 불가능해 보였다. 하지만 이렇게 목표를 세우고 세부 계획을 세워 하나하나 조금씩 해 나가다 보니 전역할 때 어느새 대부분의 목표를 달성한 나를 발견할 수 있었다.

특급 전사 되기 - 우리 부대에서는 특급 전사가 되는 것을 중요하게 생각했다. 특급 전사가 되면 휴가를 건의할 때도 유리해지고 군 생활 중에 있는 다른 평가들을 제외 받을 수 있는 등 좋은 혜택이 많이 있었다. 특히 이등병 때 내가 가장 매력적으로 느꼈던 부분은 휴가였다. 그래서 전역하기 전에 꼭 특급 전사를 따고 전역하고자 하는 목표를 갖게 되었다.

목표를 세우고 난 후에도 사실 특급 전사가 되려면 무엇부터 해야 하는지 막막했다. 일곱 개의 특급 전사 과목에서 특급을 받아야 했고 어떤 과목부터 손을 대야 할 지 등 시작할 때는 앞이 깜깜하고 막막했다. 하지만 특급 전사라는 큰 목표를 바라보고 구체적인 시험 일자를 향해서 공부를 시작하니까 목표를 이루기 위해서라도 열심히 공부하게 되었다.

만약 특급 전사 달성이라는 목표가 없었다면 아마 나는 특급 전사는 꿈도 꾸지 못하고 전역했을 것이다. 하지만 목표를 세우고 한 단계씩 성취해 나가다 보니 내가 그토록 원하던 특급전사를 달성할 수 있었고 또 6일이라는 긴 휴가도 받을 수 있었다. 특급 전사가 되는 것에 관한 세부적인 내용은 뒤에서 다루도록 하겠다.

수학 고등 과정까지 끝내기 - 나는 고등학생 때부터 사람들이 흔히 말하는 '수포자(수학 포기자)'였다. 수학은 사실 내가 가지고 있는 가장 큰 콤플렉스 중 하나였다. 운이 좋게 경영학과에 진학했지만 수학적 지식이 많이 부족했다. 그래서 학교를 다니던 2학년까지 좋은 성적을 받아보지 못하였다. 항상 수학에 대한 콤플렉스를 가지고 생활하고 있었는데 이를 만회할 수 있는 기회를 준 것이 바로 군대였다. 수학의 필요성을 항상 느껴왔던 나는 군대에서 남는 시간에 수학 공부를 해보자는 생각을 문득 했고 이를 목표로 삼게 되었다.

"수학 고등 과정까지 끝내기"라는 목표는 절대 쉽게 달성할 수 있는 목표가 아니었다. 수학적 지식이 전혀 없었기 때문에 중학교 과정부터 시작해야 했고 실제로 중1-1부터 중3-2까지 하고 수1, 수2, 미적분, 통계 이렇게 문제집들을 사서 풀어나갔다. 이렇게 중학교 과정부터 고등학교 과정까지 끝내는 데는 1년이 넘게 걸렸다. 사실 뒤돌아보니 정말 터무니없는 계획이기도 했다. 중학교 과정도 어려워하는 사람이 고등학교 3학년이 배우는 수학까지 하겠다고 하다니. 실제로 시작은 정말 힘들었다. 모르는 것이 너무 많았고 30분 넘게 잡고 있어도 풀리지 않는 문제가 너무나도 많았다. 참고서와 인터넷 강의도 열심히 들었다. 이 중에 가장 도움이 되었던 것은 주위에 있었던 좋은 사람들이었다. 나에게는 모르는 것이 있을 때마다 물어볼 수 있는 사람들이 있었고 그 중에서도 개인 과외 수준으로 내 수학공부를 도와준 존경하는 동기 한 명도 있었다. 그 동기 덕분에 수학을 포기하지 않고 끝낼 수 있었다. 중간 중간 포기하고 싶고, 놀고 싶을 때도 많았지만 목표가 있으니까 이런 유혹들에도 쉽게 넘어가지 않을 수 있었다.

결국 나의 가장 큰 콤플렉스를 극복할 수 있게 된 것은 이등병 때 세웠던, 무모해 보일 수 있는 목표 덕분이었다. 이 목표가 없었다면 나는 전역 후에 학과 수업을 들으며 또 수학 때문에 큰 어려움을 겪었을 것이다. 이 글을 읽으면서 자신의 콤플렉스가 생각났다면 무엇이든지 먼저 무모하더라도 큰 목표를 세우고 세부 계획을 짜서 도전해 보자. 군대에는 시간적인 여유와 도움 받을 수 있는 사람이 많이 있다. 하나씩 차근차근 도전하다 보면 이루기 힘들 것 같았던 목표도 이뤄내고 전역할 때쯤이면 분명 달라진 자신을 발견할 수 있을 것이다.

책 100권 읽기 - 처음 자대에 와서 2주 대기라는 기간이 있었다. 나는 이 기간이 너무 지루해서 작업이 없을 때 시간이 날 때마다 책을 읽기 시작했다. 사실 나는 사회에서도 책 읽는 것을 좋아하는 사람이 아니었다. 입대 전 처음부터 끝까지 다 읽었다고 생각되는 책이 한 권도 없을 정도였다. 그래서 나는 군대에서라도 책을 많이 읽어 지식을 좀 쌓아가야겠다는 목표를 세웠다. 더 구체적으로는 "책 100권 읽기"라는 목표를 세웠다.

목표는 어떤 것이 되었든지 항상 높아야 한다고 생각한다. 달성이 불가능할 것 같더라도 높은 목표를 세우면 달성 가능한 목표를 세운 것보다 더 많이 이룰 수 있다. 목표를 세울 때 달성 가능한 목표를 세우면 그 목표를 달성하고 끝날 것이다. 하지만 달성이 힘들 것 같은 목표를 세우면 그 목표를 향해 더 노력하게 되고 결국 달성 가능한 목표를 세운 것보다 더 많은 것을 이룰 수 있게 된다.

나는 군 생활 동안 책 50권은 달성할 수 있을 것 같았고 100권은 좀 힘들 것 같다고 생각했다. 그래서 목표를 100권으로 정하게 되었다. 사실 나머지 목표들은 다 달성했지만 이 목표만은 달성하지 못했다. 결국 총 80권을 읽고 전역을 하게 되었다. 하지만 내가 처음처럼 50권을 목표로 했다면 나는 50권까지만 읽고 책 읽기를 멈추었을 것이다. 이처럼 목표를 높게 설정함으로써 30권의 책을 더 읽을 수 있었던 것처럼 목표는 높게 세우는 것이 중요하다.

이렇게 나는 이등병 때 목표들을 세우고 군 생활을 하면서 이 목표들을 이루려고 열심히 노력했다. 처음에는 정말 불가능할 것 같았던 목표들도 막상 시작하고 나니 달성이 가능하다는 것을 알 수 있었다. 군대에서 이렇게 많은 것을 이룰 수 있었던 것도 목표가 있었기 때문이라 생각한다. 목표가 없었다면 아마 나는 평범하게 쉬면서 시간만 때우다 전역했을 것이다.

미국의 심리학자 존 로크의 '목표 설정 이론'에 따르면, 개인이 의식적으로 얻으려고 설정한 목표가 동기와 행동에 영향을 미친다고 한다. 이러한 의식적인 생각이 사람의 행동을 조절하기 때문에, 목표를 설정하는 것은 동기와 행동에 효과적이라는 뜻이다. 이처럼 군대에서 목표를 설정하고 이 목표를 이루기 위해 열심히 노력한다면 분명 성공적인 군 생활을 할 수 있을 것이다.

수적천석(水滴穿石)이라는 사자성어가 있다. 이는 물방울이 떨어져 바위를 뚫는다는 뜻의 사자성어인데 차근차근 하나씩 하다 보면 불가능해 보이는 일도 가능하다는 말이다. 내가 했던 것처럼 목표를 세우고 이를 이루기 위해 꾸준히 노력한다면 작은 물방울이 바위를 뚫듯이 불가능해 보이는 목표도 이룰 수 있을 것이다.

목표를 달성하기 위한 계획

목표를 세우는 것만큼 중요한 것이 그 목표를 달성하기 위한 구체적인 계획을 세우는 것이다. 계획은 목표를 달성하기 위한 첫 걸음이다. 초등학교를 다닐 때 방학하기 전 학교에서 방학 계획을 세웠던 것이 어렴풋이 기억난다. A4용지에 큰 원을 하나 그려 그 원을 조각들로 나눈 뒤 시간을 쓰고 하루 동안 무엇을 할지 계획을 세운 기억이 있다. 뒤돌아 생각해보면 항상 계획을 세운 대로 다 이루어지지는 않았지만 계획이 있는 사람과 없는 사람의 차이가 크다는 것은 느낄 수 있었다.

하루하루 자신이 무엇을 해야 하는지 아는 것은 중요하다. 자신이 어떤 시간에 무엇을 해야 할지 모른다면 그 시간을 허비하게 되기 때문이다. 군대에서의 대부분의 일과는 16시에 끝난다. 이후 전투 체육이라는 체력 단련 활동을 하고 식사를 하면 근무를 제외하고는 저녁 점호시간 전까지는 다 남는 시간이다. 특히 주말에는 남는 시간이 더 많을 것이다. 이때 언제 무엇을 할지 정해 두어야 남는 시간에 막연히 있지 않고 시간을 잘 활용할 수 있다. 그래서 나는 군 생활 중 아래와 같은 계획표를 만들어보았다.

큰 틀의 계획표를 짜는 것도 중요하지만 하루하루 세부 일정을 세우는 것도 중요하다. 나는 아침마다 달력에 그날 무엇을 해야 하는지 적어 놓았다. 그것도 구체적으로 언제, 몇 시에 무엇을 할 것인지 적어 두었다. 계획을 세울 때 구체적이란 것은 범위를 말한다. 예를 들어 책이라면 오늘은 어디서부터 어디까지 읽을 것인지 구체적인 페이지 수를 설정하는 것이다. 이렇게 범위를 정하고 나면 목표를 달성하는 데 큰 도움이 된다. 또 나는 개인적으로 하나의 계획을 마치면 V 표시나 - 표시를 하면서 하나하나 지워나

군대에서의 나의 하루 계획표

06:30~07:00 기상 후 점호

07:00~08:00 아침 식사 및 학과 출장 준비

08:00~11:00 오전 일과

11:00~12:00 점심 식사

12:00~13:00 책 읽기

13:00~16:00 오후 일과

16:00~17:00 운동

17:00~18:00 저녁 식사

18:00~20:00 수학 공부

20:00~21:00 청소 및 기타 연습

21:00~22:00 저녁 점호

22:00~23:00 일기 쓰기, 성경 읽기

23:00~24:00 책 읽기

갔는데 하루하루 나의 계획들에 이런 표시를 하니까 무언가 달성하는 느낌이 확실히 들어 기분이 좋았다.

또 한 가지 중요한 것은 오늘의 계획은 무슨 일이 있어도 오늘 끝낸다는 생각을 가져야 한다는 것이다. 물론 현실적으로 계획을 100% 이룬다는 것이 쉬운 일은 아니다. 군대라는 조직이 유동적인 부분이 많다 보니 처음에는 중간중간 이런저런 일이 생겨 하루의 계획을 다 이루는 것이 어려울 수 있다. 하지만, 그럼에도 불구하고 오늘의 계획은 되도록 오늘 끝내는 습관을 들여놓는다면 목표에 한 걸음 더 가까이 나아가는 데 도움이 될 것이다. 부득이한 근무나 훈련 때문에 못하는 것은 어쩔 수 없지만 피곤하고 쉬고 싶다고 오늘의 할 일을 끝내지 못하는 일이 없도록 하자.

군대에서의 시간 활용

'시간은 금이다'라는 말이 있다. 이 중에서도 군대에서의 시간은 금보다 더 귀한 시간이다. 군 생활을 하면서 정말 안타깝게 느낀 것 중 하나가 많은 병사가 군대에서의 귀한 시간을 낭비한다는 것이었다. 대부분의 대한민국 남성은 20대에 군대에 입대하게 된다. 황금 같은 20대의 1/5인 2년 정도를 군대에서 보낸다. 대한민국에서 20대는 사회에 나갈 준비를 하는 정말 중요한 시기이다. 이 시기의 1/5을 군대에서 허비하고 오기에는 군대에서의 시간이 너무 아깝다. 군대에서 2년 동안 아무것도 하지 않으면 자연스럽게 군대에 가지 않은 사람들에 비해 2년 동안이나 뒤처질 수밖에 없게 된다. 그렇기 때문에 장병들은 군대에서 멍하니 시간만 때우다 올 수 없는 노릇이다.

군대에서 〈하버드 새벽 네 시 반〉이라는 책을 읽으면서 인상 깊었던 한 구절이 생각났다.

"성공은 남는 시간을 어떻게 쓰는가에 달려 있다."

책에 의하면 성공하는 사람들은 남들이 활용하지 않거나 흔히 버리는 시간들을 활용해서 성공한다고 한다. 티끌 모아 태산이라는 말이 있듯이 남는 시간을 모으면 긴 시간이 된다. 이 책을 참고하여 내가 군대에서 시간을 활용한 방법은 사이사이 20~30분의 남는 시간을 사용하는 것이었다. 대표적으로 아침 점호 끝나고, 점심 식사 후, 저녁 점호 끝나고 남아 있는 20~30분의 시간을 활용했다. 사실 이런 20~30분의 시간은 무언가를 본격적으로 하기에는 좀 애매한 시간이다. 그래서 많은 병사가 이 애매한 시간에 그냥 떠들고 TV를 보면서 시간을 허비하곤 한다. 그때 나는 작심하고 20분이 남더라도 조용한 도서관에 가서 책을 한 페이지라도 더 읽었다. 이런 것들이 습관이 되다 보니까 나중에는 10분의 시간도 소중히 여기게 되었고 시간이 날 때마다 무언가를 하는 습관이 생겼다.

나는 개인적으로 군대에서의 주말이 가장 좋았다. 주말에는 누가 무엇을 시키는 것도 별로 없고 그냥 쉬면서 개인 정비 시간을 가질 수 있기 때문이다. 이 주말의 시간을 잘 활용하기 위해서는 위에서 언급한 '계획'을 가지고 있어야 한다. 경험상 계획이 없으면 풀어지게 되고 잠만 자고 TV만 보게 된다. 주말에 일어나서 몇 시에 무엇을 하고 이때 쉬고 이때 공부하고 몇 시에 운동을 할지 정해둔다면 크고 작은 목표들을 이루고 전역할 수 있을 것이다.

시간을 활용하는데 우리를 가장 많이 방해하는 것은 아마 TV일 것이다. TV는 보통 개인 정비 시간에 시청할 수 있도록 되어 있는데 군대에서 TV에 한 번 빠지면 군 생활이 무기력해지기 마련이다. TV는 TV를 보는 사람을 바보로 만든다고 해서 '바보상자'라고도 부른다. TV는 한 번 보면 계속 보게 되고 한 시간이 두 시간이 되고 두 시간이 세 시간이 되어 결국 하루를 낭비하게 된다. 물론 나도 드라마에 빠져 하루 종일 TV만 본 날도 있었다. 이를 방지하기 위해 생활관을 나와 최대한 TV와 멀어지는 것이 중요하다.

특급 전사, 수학 공부, 책 80권. 이 모든 것을 다 군 생활 중에 할 수 있는지에 대해 의문을 품는 사람도 많을 것이라 생각된다. 그런데 이건 나의 실제 경험이다. 지극히 평범한 학생이던 내가 할 수 있었다면 누구나 마음을 먹으면 할 수 있다. 지금 당장 목표를 세우고 계획을 세워 시작하면 된다. 이렇게 나는 전역을 얼마 앞두고 이등병 때 세웠던 대부분의 목표를 달성할 수 있었다.

뒤돌아보면 유혹을 참기 힘들 때도 많이 있었다. 생활관 사람들이 쉬는 시간에 누워 TV를 보며 휴식하고 있을 때, 동기들이 사지방에서 웹툰을 보고 있을 때, 게임방에 가서 게임을 할 때 당연히 나도 같이 놀고 싶었다. 하지만 목표와 하루하루 계획을 세워 놓으니까 그런 유혹들을 뿌리칠 수 있었고 이렇게 많은 것을 이루고 전역할 수 있었다.

또 상병 때 군 생활이 지겨워지는 슬럼프가 온다고 하는데 나는 목표와 계획이 있어서 그런지 군 생활 중 슬럼프가 단 한 번도 없었던 것 같다. 하루하루 무엇을 해야 하는지 정해져 있었기 때문에 시간이 부족하다 느꼈지 시간이 안 간다는 생각은 해본 적이 없다. 목표와 계획 없이 생활하다 보면 시간이 지나 전역할 때 뒤돌아보면 남는 것 하나 없이 허탈할 것이다. 그러므로 이등병 때 목표와 계획을 세워 군 생활을 시작하도록 하자. 전역할 때쯤이면 분명 자신이 달라져 있을 것이다.

군대에서 배우는 좋은 습관

일주일을 뒤돌아보면 일상의 상당 부분을 습관적으로 움직이고 있다는 것을 알 수 있다. 아침에 일어나 습관적으로 씻고 습관적으로 식사하고 밤이 되면 습관적으로 자는 등 인생은 습관의 연속이라 표현해도 지나친 말이 아닐 정도이다. 인생에서 얼마나 좋은 습관을 키우느냐에 따라 그 삶의 성공 여부가 결정될 정도로 습관은 중요한데 군대에서는 이렇게 인생에서 중요한 좋은 습관들을 배워 나갈 수 있다. 군대가 좋은 점은 좋은 습관들을 강제로라도 익히게 해준다는 것이다. 나도 뒤돌아보면 군대에서 좋은 습관을 상당히 많이 배우고 전역할 수 있었다. 다음은 군대에서 기를 수 있는 좋은 습관들이다.

일찍 일어나기 - 흔히 아침형 인간이 성공한다고 한다. 수많은 세계적인 CEO의 공통 분모가 일찍 일어나 하루를 일찍 시작하는 것이라고 한다. 그 정도로 성공하는 사람들의 바탕에는 일찍 일어나는 부지런함이 있다. 군대는 우리를 아침형 인간이 될 수 있게 만들어 준다. 군대에 있는 모든 장병은 매일 아침 06시 30분이 되면 기상 나팔 소리와 함께 일어나라는 방송을 들으며 잠에서 깬다. 15분 내로 준비해서 점호에 나가야 하기 때문에 절대 늦잠을 잘 수 없다. 부지런히 일어나서 불을 켜고, 창문을 열고, 침구류 정리, 환복 후 점호에 참석한다. 밖에서는 아무리 늦게 자고 늦게 일어나던 사람들도 군대에서는 정확히 06시 30분에 일어나야 한다. 첫 휴가를 나가서 하룻밤을 자 보면 06시 30분에 눈이 떠지는 현상을 볼 수 있을 것이다. 그만큼 군대에서 생활하다 보면 일찍 일어나는 것은 습관이 된다. 군대에 가기 전에는 항상 늦잠을 자고 일찍 일어나지 못했던 사람도 2년 가까이 군 생활을 하다 보면 일찍 일어나는 습관이 들어 전역하고 나서도 일찍 일어나는 아침형 인간이 될 수 있을 것이다.

운동 - 운동하는 습관은 군대에서 꼭 가지고 나가야 하는 중요한 습관 중 하나이다. 20대의 젊은 나이에 운동하는 습관을 들여놓는 것은 나중에 시간이 지났을 때 큰 도움이 된다. 건강이 없으면 아무리 많은 돈과 명예도 소용이 없다. 그만큼 건강은 우리의 인생에서 가장 중요한 것인데, 이렇게 건강해질 수 있는 활동이 바로 운동이다. 운동하는 습관을 배워가는 것만으로도 성공한 군 생활이라고 할 수 있을 것이다.

군대에는 운동할 수 있는 여건이 잘 마련되어 있다. 매일 아침 점호 후 뜀걸음을 하고, 일과가 끝나고 16시에 전투 체육을 하면서 또 뜀걸음을 하고 부대마다 체력단련장이 있어 매일 운동할 수 있다. 사실 군 생활 기간은 짧지 않은 시간이기 때문에 이 기간만이라도 꾸준히 운동하고 노력한다면 남부럽지 않은 몸을 만들 수 있다. 나도 하루하루 꼭 한 시간씩 꾸준히 운동하려고 노력했다. 또 전역 후에도 바로 헬스장에 등록하여 운동하는 좋은 습관을 유지하려고 노력했다. 체력단련장에서의 세부적인 운동 방법은 뒤에서 더 자세히 설명하도록 하겠다.

책 읽기 - 군대는 독서를 습관화하기에 가장 좋은 환경이다. 군대에 오기 전까지만 해도 나는 책과는 거리가 먼 사람이었다. 사회에서는 능동적으로 내가 생각하면서 읽어야 하는 책보다는 수동적으로 받아들이는 핸드폰과 SNS에 빠져 살았다. 그런데 군대에 오고 나서 책과 가까워질 수 있었다.

신병 때, 2주 대기 기간이 너무 지루해서 호기심에 집어 들었던 책이 내 군 생활의 목표가 되었고 처음 한 권의 책을 다 읽고 나니까 다른 책들도 더 읽고 싶다는 생각이 들었다. 군대에는 진중문고라는 최신, 베스트셀러 책들을 선정하여 매 분기마다 병영도서관에 배포하는 좋은 제도가 있다. 그래서 군대에서 분기마다 최신 책을 무료로 빌려볼 수 있으며 또 원하는 책이 있으면 부대 행정보급관에게 신청하여 주문할 수도 있다.

이처럼 군대에서는 마음만 먹으면 책 읽기를 습관화할 수 있다. 나는 군대에 오기 전에는 읽은 책이 한 권도 생각나지 않았지만 전역 후에는 80권이나 읽었다는 자부심을 가지게 되었다. 책 읽기의 중요성은 말 하지 않아도 모두가 알고 있을 것이다. 이처럼 군대에서 책과 친해지고, 책을 읽는 좋은 습관을 들이면 전역 후에도 책 읽기가 좋은 습관으로 남을 것이다.

독서를 습관화하면서 독서록 작성도 습관화하면 좋다. 독서록에는 번호, 책 제목, 저자, 언제부터 언제까지 읽었는지 그리고 자신이 책에서 중요하다고 생각한 것을 간단하게 요약하고 생각을 적으면 된다. 이 과정이 귀찮지만 중요한 이유는 책을 읽고 시간이 지나면 그 내용을 잊어버리기 때문이다. 사실 나도 1년 전에 읽었던 책의 제목은 기억하지만 그 내용을 다 기억하지는 못

한다. 하지만 그 책은 내 독서록에 있기 때문에 독서록을 보면 그 내용이 무엇이었는지 금방 기억해 낼 수 있다. 그러므로 조금 번거롭더라도 책을 읽을 때마다 독서록을 적는 습관을 들이는 것이 좋다.

정리 - 군대에서는 정리하는 습관을 기를 수 있다. 병사들이 훈련소에 들어가자마자 배우게 되는 것이 바로 모포 개는 방법, 전투화, 슬리퍼, 활동화 정렬하는 방법, 관물대 정리하는 방법 등 일명 '각'을 잡는 일이다. 자대에서도 일어나서 가장 먼저 하는 것이 침구류 정리일 정도로 군대에서는 정리가 습관화된다. 또 매일 점호 시간을 통해 내무검사, 관물대 정리 상태 등을 확인하기 때문에 정리가 습관화될 수밖에 없다. 내 경우에도 입대 전에는 항상 책상도 지저분하고 방도 정리되어 있지 않았는데, 전역 후 정리가 익숙해져 책상과 방을 깨끗하게 유지하는 습관이 생겼다. 무엇이든 잘 정리되어 있으면 나중에 어떤 물건을 찾든지, 어떤 일을 하든지 편하다. 하지만 정리가 되어 있지 않으면 물건을 찾기 힘들 뿐더러 스트레스를 받게 된다. 군대에서는 이렇게 좋은 정리 습관을 익혀 나갈 수 있다.

규칙적인 생활 - 마지막으로 군대에서는 규칙적인 생활 습관을 익힐 수 있다. 규칙적인 생활이란 일찍 자고 일찍 일어나며 아침, 점심, 저녁을 정해진 시간에 먹는 것을 말한다. 규칙적인 생활은 건강에 좋은 영향을 준다고 한다. 사회에 있을 때는 규칙적인 생활을 하기가 쉽지 않다. 아침을 먹지 못할 때도 있고, 약속이 있으면 저녁이 늦어질 때도 있으며, 술을 마시거나 늦게 자면 늦잠을 잘 때도 많다. 하지만 군대에서만큼은 제 시간에 밥을 먹고 항상 운동할 수 있으며 규칙적으로 자고 일어날 수 있다. 이렇게 규칙적인 생활을 하기 때문에 군대에서 더 건강해져 제대하는 병사도 많다. 군대에서의 규칙적인 생활이 몸에 배면 전역 후에도 이 습관이 이어져 건강을 유지할 수 있을 것이다.

이처럼 군대에서의 21개월은 좋은 습관을 기를 수 있는 시간이다. 이 습관들은 돈을 주고도 살 수 없는 훌륭한 습관들이다. 하지만 이러한 습관들은 저절로 주어지지는 않는다. 강제로는 하게 되겠지만 이를 좋은 습관이 될 수 있게 스스로 의식하고 노력해야 한다. 모든 것이 그렇듯이 처음 습관을 만들기는 쉽지 않다. 아침에 일어나는 것도 힘들 것이고 규칙적으로 생활하며 운동에 독서까지 해야 하는 것이 힘들게만 느껴질 것이다. 하지만 무엇이든지 시작과 처음이 힘들지 막상 몸에 배어 습관이 된다면 우리가 아침에 일어나 세수를 하듯이 당연히 하는 일이 될 것이다. 군대에서의 21개월을 허송세월하며 보내지 말고 좋은 습관을 들여 나갈 수 있도록 하자.

> "이병 송지완"
> 훈련소에서는 112번 훈련병으로만 불리다가 자대에 오니 "이병 송지완"이라고 당당하게 말할 수 있어서 기분이 좋다. 달라진 점이 있다면 훈련소에서보다 덜 통제받는다는 점과 내 개인 시간이 더 많이 생겼다는 점이다.

제 5장

살다보면 적응된다
- 일병

118일째 날

오늘은 내가 일병이 된 날이다. 어리둥절해 하며 신병으로 전입한 것이 엊그제 같은데 지긋지긋한 이등병의 기간이 지나고 벌써 일병이 되었다. 작대기 하나에서 작대기 두 개가 되니 절로 자신감이 생겼다. 이제 머리도 좀 길었고 자대 생활에도 익숙해졌다. 선임의 이름과 얼굴도 다 외웠고 내 일과 시간에 무엇을 해야 하는지도 다 알고 익숙해지고 있다.

축구를 하면서도 바뀐 점이 있다. 이전에 축구를 할 때는 나는 무조건 골키퍼였다. 보통 막내가 골키퍼를 맡는다. 하지만 내 밑으로도 막내가 생기다 보니 나도 이제는 수비도 하고 가끔 공격으로 나갈 때도 있다. 최근에는 첫 골도 넣었다. 일병이 되니까 부대가 편해진 것 같고 가끔은 내 집 같기도 하다. 이제 후임들에게 경례를 받기도 한다. 밑에 후임이 벌써 스무 명 정도가 있다. 진정한 군생활의 시작인 일병, 앞으로 7개월간의 일병 생활이 기대된다.

진정한 군 생활의 시작, 일병

 군 생활을 하다 보면 이등병 시절이 눈 깜짝할 새 지나가고 일병이 된다. 하지만 일병은 7호봉까지 있어 7개월의 긴 기간 일병으로 있다가 상병이 된다. 군대의 좋은 점은 큰 성과가 없어도 때가 되면(일부 진급 누락자를 제외하고) 진급을 시켜준다는 점이다. 물론 일병이란 계급이 절대 높은 계급은 아니지만 이제 어느 정도 후임들도 생기고 자기 선임들도 다 파악이 되었으며 자신이 자대에서 무엇을 해야 하는지 정도는 아는 계급이라 할 수 있다.

 대부분의 사람이 일병부터가 '진정한 군 생활의 시작'이라고 생각한다. 이등병 때는 뭐가 뭔지 몰라 실수하고 잘못해도 용서가 되었지만 군 생활을 어느 정도 한 일병에게 용서란 없다. 부대 내에 작업이 있으면 가장 만만한 일병들이 참여해야 하고 간부들도 일을 잘 모르는 이등병보다 그래도 군 생활에 더 익숙한 일병들에게 더 많은 일을 시킨다. 이렇게 많은 일을 하면서 일병은 군 생활에 더 익숙해지게 된다.

 일병은 군 생활이 익숙해지고 이등병 때 실수하며 배웠던 것들을 완벽하게 연마하는 단계라고 볼 수 있다. 이등병 때가 중요한 만큼 일병 때도 중요한데 그 이유는 일병 때는 실수하면 더 이상 봐주는 것이 없기 때문이다. 이 시기에 잘못하면 "일병인데 그것도 못 하냐?"라는 선임들과 간부들의 질책을 들을 수 있다.

그렇기 때문에 일병 때는 행동을 더욱 더 조심해야 한다.

일병이 되면 없던 후임들도 하나 둘씩 생기기 시작한다. 후임이 생기면 자신이 할 일이 조금 줄어들기는 하지만 이와 더불어 이등병을 챙겨야 한다는 책임이 따른다. 이등병이 잘 하면 일병 덕, 이등병이 못하면 일병 탓이 되어버린다. 그렇기 때문에 일병은 당근과 채찍을 사용하며 이등병들을 잘 훈육시키고 군 생활에 적응할 수 있게 해 주어야 한다.

나는 개인적으로 축구를 할 때 골키퍼에서 벗어나서 좋았다. 후임이 들어오기 전까지는 내가 항상 골키퍼를 했는데 일병이 되니까 적어도 수비를 할 수 있게 되어 더 재밌게 축구를 했던 기억이 있다.

또한 일병 때는 개인 정비 시간에 여유가 좀 생겨 무언가 시작하기에 좋은 시기이다. 책을 읽는다든지 자기 계발을 한다든지 남는 개인 정비 시간을 잘 활용하면 크고 작은 목표들을 이룰 수 있는 계급이다.

이처럼 일병이라는 계급은 이등병에서 벗어나서 좋기는 하지만 책임이 따른다는 점에서 조심해야 하는 계급이며 중요한 계급이라 할 수 있다. 그러므로 이렇게 중요한 계급인 일병 때 어떤 점들을 주의하고 어떻게 행동해야 하는지 알아보자.

120일째 날

처음 훈련에 참여한 날이었다. 내가 하는 일은 크게 두 가지로 나뉜다. 통역과 번역. 우리 군에는 한미 연합 훈련이 있기 때문에 미군이 오는 날이면 내가 우리 과 간부님들의 통역을 맡는다. 오늘 미군 한 명이 논의할 사항이 있다며 사무실로 덜컥 찾아왔다. 통역은 동시 통역으로 영어를 한국어로, 또 한국어를 영어로 바꾸어준다. 어학병 시험을 볼 때도 통역은 상당히 어려웠는데 오늘 직접 해 보니 더 어렵게만 느껴졌다. 바로바로 바꿀 단어를 머릿속으로 생각해야 했고 이를 유창하게 번역해야 했다. 오늘 통역을 하면서 통역 연습이 더 필요하다고 느꼈다.

번역은 일과 시간에 꽤 자주 한다. 한국군과 미군이 자료를 공유하는 경우가 많은데 이때마다 내가 자료들을 번역해서 미군들과 공유할 수 있게 연결고리 역할을 한다. 내 사수들이 이런 일들을 잘 처리한 만큼 앞으로 있을 훈련에서 내 역할이 중요해졌다.

자신의 일에 익숙해지자

군대에서 평일 일과는 점심 시간을 기준으로 오전 일과 그리고 오후 일과로 나뉜다. 병사들은 이 일과 시간마다 보직별로 자신에게 주어지는 일을 수행하게 된다. 특별한 일이 없는 한 자신에게 주어진 임무를 전역하는 날까지 1년 넘게 하게 될 것이다. 일병 때는 이 임무들에 익숙해지고 많이 배우는 때이다. 이등병 때는 부대 생활을 익히느라 자신의 임무, 즉 일과를 배울 겨를이 없었다면 일병은 부대에 대해서는 완전히 익숙해진 시기이기 때문에 자신의 일과를 더 완벽하게 하기 위해 더욱 더 신경 써야 한다.

나는 영어 통역병이었기 때문에 내 업무는 위 일기에서 보다시피 통역과 번역이었다. 처음 통역을 하려니 말도 잘 안 나오고 낯설고 당황했던 기억이 있다. 이렇게 한 번 망신을 당하고 나서 나는 통역과 번역에 더 열심히 노력을 기울였다. 모르는 단어가 있으면 찾아보고, 군사 용어들을 외우면서 어휘 사용법을 익히고 전반적인 훈련의 절차들을 익히는 등 내 일에 익숙해지려고 많은 노력을 했다. 아직 상대적으로 계급이 낮은 일병 때 이렇게 열심히 준비해 놓아야겠다는 생각이 들었다.

일을 하면서 자신이 흥미를 느끼는 분야를 찾을 수도 있다. 군대란 조직에 워낙 다양한 분야가 있고 새로 접해보는 일이 대부분일 것이기 때문에 일을 하면서 그 일에 흥미를 느끼고 나중에 전역하고 나서 그 분야로 자신의 진로를 정할 수도 있을 것이다. 이렇게 일을 하면서 자신이 몰랐던 흥미를 찾을 수 있기 때문에 자신에게 주어진 일을 적극적으로 배우려고 노력해야 한다.

그렇다. 일병이 되었다면 이제 자신의 일에 익숙해져야 한다. 완벽하게 하지는 못하더라도 완벽해지려고 노력해야 한다. 그래야 상병이 되어서 편하다. 그렇다고 걱정할 필요는 없다. 군 생활을 성실히 하다보면 자신이 해야 하는 일은 자연스럽게 익혀진다. 다만 일을 할 때 대충하려 하지 말고 적극적인 자세로 임해야 자신의 일에 익숙해질 수 있을 것이다.

121일째 날

드디어 나에게도 맞후임이 생겼다. 오늘 우리 분대에 내 밑으로 새로운 신병 한 명이 들어왔다. 우리 분대는 분대원이 새로 올 때마다 분대 모임이라는 것을 한다. 그래서 오늘도 분대 모임을 했다. 점호 30분 전, 분대원들이 다 같이 모여 새 분대원을 환영하고 이야기를 나눈다. 분대 모임은 신병의 자기소개부터 시작한다. 어디서 왔고, 몇 살이며 무엇을 하다 왔는지, 그리고 여자친구는 있는지, 누나는 있는지 등 정보를 공유한다. 이후 우리 분대의 전통인 이미지 게임을 한다. 선임들이 돌아가면서 신병에게 질문을 하나 하면 신병은 그 대답으로 누군가를 지목하는 식이다. 선임들은 대부분 장난으로 이런 짓궂은 질문들을 한다 "이 중에서 가장 잘 생긴 사람 한 명 지목해."

이런 질문들이 오간 후 각자 소개를 하고 분대장이 이런저런 주의 사항을 알려준 후 모임이 끝난다. 나는 분대 모임 이후 내 맞후임을 불러 자대 생활에 대한 이런 저런 설명을 해 주었다. 맞후임이 생기니까 내 맞후임은 내가 챙겨야 한다는 책임감이 생겼다. 앞으로는 내가 막내가 아니기 때문에 군 생활이 조금은 더 편해질 것 같지만 한편으론 후임을 잘 가르쳐야 한다는 부담감도 생겼다. 마지막으로 내 맞후임과 같은 후임들에게 내가 겪었던 군 생활을 토대로 잘 가르치고 보살펴야겠다고 생각했다.

후임들에게 잘해주자

일병이 되면 후임으로 이등병들이 들어온다. 이때 일병들은 이등병의 시기를 갓 겪은 '이등병 선배'로서 이등병들을 잘 챙겨주어야 한다. 처음 아무것도 모르는 채 자대에 왔던 자신을 뒤돌아보자. 새로운 환경에서 어떻게 적응하고 어떻게 행동할지 아무것도 몰라 불안감과 기대에 차있던 자신을 생각해보자. 돌이켜보면 자신이 자대에 잘 적응하고 정상적으로 일병으로 진급할 수 있었던 것은 다 자대 선임들 덕분이라는 것을 깨달을 수 있을 것이다. 그러므로 슬기로운 일병이라면 새로운 이등병에게 자대에 대해 잘 안내해 주고 안심을 시켜주어 정상적인 군 생활을 할 수 있는 환경을 조성해 주어야 한다.

일병이 이등병들에게 잘해주어야 하는 또 다른 이유는, 이등병이 잘못하면 그들을 제대로 교육하지 않았다는 이유로 일병이 혼나기 때문이다. 항상 계급이 올라갈수록 책임은 커지게 된다. 군대 속어로 "내리 갈굼"이라는 말이 있다. 위에서 밑으로 혼낸다는 뜻인데 예를 들어 행정보급관이 청소가 잘 안 되어 있는 것 같다고 분대장에게 지적하면 분대장은 상병을 혼내고 상병은 일병에게, 일병은 다시 이등병에게 전가하는 식이다. 그러므로 일병 때 이등병들을 잘 챙겨주고 올바로 교육시키며 지도하고 가르쳐주어야 후임들도 잘 배우고 따를 것이며 결국에 이등병 때문에 야단맞는 일도 없을 것이다.

나는 운 좋게 이등병 때 아주 좋은 맞선임을 만났다. 그 선임은 나에게 A4용지 세 장 분량의 인수인계서를 만들어 주의할 점을 알려주고 어떻게 군 생활을 해 나가야 하는지 등을 친절하게 설명해주었다. 나도 내 맞선임과 똑같이 맞후임이 들어왔을 때 주의 사항 등을 잘 적어 인계해주었다. 이 정도는 아니더라도 일병이라면 자신의 맞후임만큼은 애정을 가지고 대해주어 군대에 잘 적응할 수 있게 해주어야 한다.

이렇게 선임이 후임을 잘 가르치고 이끌어주는 것이 중요하다. 아마 나중에 가장 친하게 지낼 사람은 바로 밑에 있는 후임들일 것이며 결국 내가 전역할 때 나를 무사히 보내주는 사람도 후임들일 것이다. 그러므로 이등병이 왔을 때 그들에게 잘 해주어 좋은 관계를 유지한다면 나중에 손해 보는 일은 없을 것이다.

그렇다면 어떻게 이등병들에게 잘 해줄 수 있을 지에 대해 알아보자.

후임에게 잘 해주는 방법

1. 후임 이름 외우기

아마 나를 포함한 대부분의 사람이 누군가의 이름을 모르면 그 사람을 부를 때 "저기……"라고 쭈뼛거릴 것이다. 물론 처음에는 이름을 모르니까 이렇게 불러도 상관없다. 하지만 시간이 지나고 그 사람을 몇 번 대했는데도 이름을 불러주지 않는다면 겉으로 표현하지는 않겠지만 분명 '이 사람이 내 이름도 아직 안 외웠나…… 나에게 관심이 없는 건가……' 하면서 언짢아 할 것이다. 이와 반대로 상대방의 이름을 불러주면 '이 사람이 나를 기억해주는구나'라는 생각을 하여 기분이 좋아진다.

내가 이등병 때 한 간부님이 "그래, 지완아"하며 항상 내 이름을 불러주셨고 인자한 웃음으로 나를 반겨주었다. 그 분에게 배워서 나도 후임들에게 웃으면서 이름을 불러주는 습관을 갖게 되었다.

입장을 바꾸어놓고 생각해보아도 선임에게 이름을 듣는 것이 더 기분 좋다. 누구에게 인사했는데 그냥 "그래"라고 대답을 듣는 것과 "그래, ○○○야"라는 대답을 듣는 것은 정감이 다르다. 이렇듯 내가 대우받고 싶은 대로 후임들을 대우해준다면 후임들도 이를 잊지 않을 것이며 그들과 좋은 관계를 유지하게 될 것이다. 이름을 부르는 사람에게는 이 일은 사실 정말 사소한 일이지만 듣는 사람에게는 큰 감동으로 다가올 수 있다. 이런 사소한 일로 내가 한 걸음 다가가면, 후임들은 두 걸음 다가오게 될 것이다.

2. 경례 잘 받아주기

군대에서의 경례는 인사다. 경례는 오른손을 들어 눈썹 끝에 손가락을 위치하고 부대 구호를 외치는 행위이다. 부대 구호는 대표적으로 "충성"이 있다. 대부분의 사람이 경례 구호가 "충성" 밖에 없는 것으로 알고 있지만 각 부대는 서로 다른 경례 구호를 가지고 있다. 내가 있던 부대만 해도 "선봉"이라는 구호였고 '진짜 사나이' 등 특집 프로그램에 나온 30사단의 경례 구호는 "필승 I Can Do"이다. 이 경우 상급자를 만날 때마다 "필승 I Can Do"라는 다소 긴 구호를 외쳐야 하는 번거로움이 있다.

군대에서 경례는 중요한 역할을 한다. 상급자를 존중한다는, 상급자에 대한 예우이며 또한 국가에 대한 충성의 표시이다. 그만큼 경례는 군대에서 빠질 수 없는 중요한 요소이다. 앞에서 말했듯이 군대에 가면 경례를 하루에도 수없이 많이 하게 될 것이다. 병 상호 간에 경례를 하지 말도록 한 부대를 제외하고는 계급이 낮은 경우 선임들에게 수없이 경례하게 될 것이고 계급이 높은 경우는 경례를 많이 받게 될 것이다.

후임이 경례를 잘 하는 것도 중요하지만 선임으로서 경례를 잘 받아주는 것도 중요하다. 사회에서 누군가에게 인사를 했는데 그 인사를 어떤 이유에서건 받아주지 않으면 민망해지게 마련이다. 경례도 똑같다. 선임에게 경례를 했는데 경례를 대충 받으면 경례를 한 후임 입장에서 기분이 좋지만은 않을 것이다. 내가 이등병 때 한 선임은 경례를 해도 그냥 무시하고 지나갔다. 해야 하는 것이라 경례를 했지만 기분이 좋지 않았다. 반면에 경례를 잘 받아주는 선임에게는 더 잘해주고 싶은 마음이 생겼다.

이 또한 사소한 일이지만 후임이 경례하면 잘 받아주는 선임이 되는 것이 좋다. 경례를 잘 받아주는 선임이라면 후임들도 잘 따라 줄 것이다.

3. 사소한 것 하나라도 챙겨주기

처음 배치 받아 신병으로 자대에 들어오면 무엇부터 해야 하는지, 어떻게 생활해야 하는지 막막하다. 그나마 운좋게 모든 것을 친절하게 설명해주는 선임들을 만난다면 모를까 그렇지 않은 경우 선임들은 신병들에 신경 쓰지 않는다. 이때 신병들은 정말 외롭다. 의지할 사람도 없고 질문을 하기도 겁날 것이다. 아마 모든 일병이 신병 때 이런 경험이 다 있을 것이다. 이때 선임 한 명이 먼저 다가와주면 얼마나 고마운지 모른다. 나에게는 옆 생활관의 선임들이 그렇게 해주었다. 내가 처음 전입 와서 아무것도 모를 때 관심 가져주고 PX 구경도 시켜주며 과자도 먹게 해주고 군 생활에 대해 설명해주는 등 특별한 친절을 베풀어줬는데 당시 그렇게 해 준 선임들이 정말로 고마웠다. 아마 내가 선임이 되어 도와주었던 후임들도 나를 이렇게 기억하지 않을까 싶다.

우리 사무실 간부들도 항상 나를 챙겨주었다. 집에서 간식을 가져다주기도 했고 가끔 피자도 사주고 밥도 사주는 등 병사인 나를 많이 챙겨주었다. 그 때마다 정말 감사했고 충성심이 더해져만 갔다.

흔히 받는 사람보다 주는 사람이 더 행복하다고 한다. 선임으로서 후임에게 음료수 하나라도 챙겨주고 힘든 일이 있는지, 궁금한 점이 있는지 먼저 다가가 관심을 가져준다면 충분히 선임의 역할을 다 했다고 할 수 있다. 자신에게는 사소한 음료수 하나이고 얼마 되지 않는 시간일 수 있지만, 후임에게는 큰 힘과 위로가 될 수 있다. 흔히 자신이 잘 되었을 때 축하해주는 사람보다 자신이 힘들 때 곁에서 위로해주는 사람을 더 기억한다고 한다. 일병 때 후임을 챙겨주는 것도 이와 같은 맥락이 아닐까싶다. 아무것도 모르고 막막한 군 생활이 앞에 놓여 있는 이등병에게 먼저 다가가 챙겨주어 한 줄기 빛이 되어준다면 후임은 그 선임을 오랫동안 기억하고 고마워할 것이다. 만약 지금 생각나는 챙겨주고 싶은 후임이 있다면, 책을 덮고 바로 달려가 그 후임을 챙기자.

156일째 날

오늘은 체력단련장에서의 나의 하루를 좀 상세히 적어보려고 한다. 군인의 하루는 뜀걸음으로 시작해 뜀걸음으로 끝난다. 아침에 일어나 점호 후 뜀걸음을 하고, 일과가 끝나고 전투 체육 시간에 또 뜀걸음을 한다. 매일 16시가 되면 방송으로 연병장으로 집합하라는 방송이 들려온다. 이 방송을 듣고 활동복으로 갈아입고 지정된 자리로 모이면 체조로 몸을 푼 다음 뜀걸음을 한다.

뜀걸음 이후 개인 운동 시간을 갖는데 나는 이때 체력단련장으로 간다. 전투 체육 이후 체력단련장에 가면 사람이 정말 많다. 그래서 내가 원하는 기구를 사용하지 못할 때도 있다. 군 체력단련장에는 상태는 별로 좋지 않지만 런닝머신, 사이클, 철봉, 벤치, 아령 등 헬스장에서 볼 수 있는 웬만한 기구는 다 구비되어 있다. 나는 준비 운동으로 운동을 시작한다. 손목 발목을 돌려주고, 다리 스트레칭을 하고, 근육을 풀어주어 사고를 예방한다. 뜀걸음을 하고 와서 땀이 좀 나 있는 상태라 간단하게 몸을 풀고 바로 근육 운동을 시작한다.

군대에 와서 전문적으로 운동을 배워보려고 운동 책을 하나 샀다. 그 책을 다 읽고 몇 가지 기준을 세울 수 있었는데 그중에 하나가 몸의 부위를 셋으로 나누는 것이었다. 월요일은 이두/삼두, 화요일은 가슴/복근, 수요일은 하체 그리고 목요일은 다시 이두/삼두 이렇게 세 부분으로 나누어 가면서 운동을 한다. 오늘은 월요일이기 때문에 이두와 삼두 부위를 운동하는 날이었다. 아령을 들고 이두/삼두 관련된 운동을 15회씩 3세트 정도 했다.

책을 통해 아령만 있어도 할 수 있는 운동이 정말 많다는 것을 알 수 있었다. 나는 어떻게 운동하는지 혹은 어떤 자세가 맞는지 등은 책을 보고 배웠고 정말 모르는 것이 생기면 선임에게 물어보았다. 매일 운동을 하기 때문에 무리해서 할 필요가 없다는 생각이 들었다. 그래서 운동은 저녁 식사 전인 다섯 시 정도까지만 했다. 운동을 끝내기 전 스트레칭을 5분 정도 하고 운동을 마무리했다.

체계적인 운동을 시작하자

일병이 되어 어느 정도 군 생활이 익숙해졌으면 이제 운동을 시작할 때이다. 이등병 때는 이것저것 정신없이 배우고 익히며 체력단련장에서 선임들의 눈치가 보여 운동을 하지 못했을 것이다. 하지만 일병이 되면 운동할 수 있는 여유가 생긴다. 경험상 이때가 체계적으로 운동을 시작하기에 딱 좋은 시기이다. 여기서 운동이라 함은 웨이트 트레이닝, 즉 근력 운동을 말한다.

내가 자대에 와서 세운 목표 중 하나가 꾸준히 운동하고 몸을 만들어 제대하는 것이었다. 사실 좋은 몸보다는 건강한 몸을 만드는 것이 더 큰 목표였다. 이전부터 아버지께서 젊었을 때 꾸준히 운동해두라고 강조하셨기 때문에 군대에 와서 운동하는 습관을 들여 나가면 좋겠다고 생각했다. 사회에 있을 때는 이런저런 일에 치여 꾸준히 운동하기가 힘들었다. 하지만 군대에 와서는 운동을 꾸준히 할 수 있었다. 군대는 운동을 하기에, 그리고 운동을 배우기에 정말 최적인 환경이다. 매일 전투 체육 시간이 있을 뿐만 아니라 부대마다 체력단련장이 있어 운동을 시작하기에 정말 좋다. 처음에는 웨이트 트레이닝을 좀 전문적으로 해 보려고 책도 사고 주위에서 조언도 많이 들었다. 그래서 읽은 책들과 들은 조언들을 종합해 나만의 운동법을 하나 만들어보았다. 운동을 처음 시작하시는 사람들에게는 이 운동법이 도움이 될 것이다.

송 병장이 제안하는 운동법

1. 운동 시작 전 꼭 스트레칭과 유산소 운동을 하자.

항상 모든 운동 시작 전 스트레칭 5분, 유산소 운동(런닝머신, 뜀걸음) 20분을 해서 몸을 Warm-up(예열)하는 것이 중요하다. 스트레칭은 운동을 하면서 생기는 부상을 방지하고 유산소 운동은 혈액 순환을 활발하게 하여 신진대사를 촉진하고 신체를 풀어주며 몸의 긴장을 완화시켜 준다. 그래서 시작 전 스트레칭과 유산소 운동을 하여 약간의 땀을 낸 후 본격적인 운동을 하는 것이 좋다. 또한 체중 감량이 목표라면 유산소 운동에 비중을 더 두는 것도 좋은 방법이다.

2. 상체와 하체로 나누어서 하루에 한 부위만 운동하자.

보통 웨이트 트레이닝을 하는 사람들은 하루에 모든 부위의 운동을 하지 않고 부위별로 나누어서 한다. 여기서 부위란 상체 혹은 하체 등 신체 부위를 의미한다. 이렇게 나누는 것을 분할이라 하는데 보통 2분할 혹은 3분할하는 것이 좋다. 2분할한다는 의미는 상체, 하체로 나누어서 월요일은 상체, 화요일은 하체, 다시 수요일 상체, 목요일 하체 이런 식으로 운동하는 것을 말한다. 또 3분할은 이두, 삼두 / 가슴, 복근 / 하체 이런 식으로 세 부위로 나누어 돌아가며 운동하는 것을 말한다.

웨이트 트레이닝을 하는 사람들이 이렇게 부위를 나누어 운동하는 이유는 모든 일에도 휴식이 필요하듯이 근육에도 휴식이 필요하기 때문이다. 일만 하고 쉬지 않는다면 장기적으로 일을 할 수 없는 것처럼 근육도 같은 부위의 운동을 계속 하게 되면 근육이 지치게 되고 근육에 무리가 가 근육이 더 이상 자라지 않는다. 그런데 예를 들어 2분할로 운동을 하기로 했다면 상체를 한 다음 날 하체를 하기 때문에 상체가 쉬게 되고 그 다음날은 하체가 쉬는 식으로 번갈아 가면서 운동을 하며 근육을 쉬게 할 수 있다. 이 방법은 전문적으로 헬스를 하는 사람들도 주로 사용하는 방법이기 때문에 따라하면 좋다.

3. 근력 운동은 짧고 굵게.

헬스장에서는 한 세트하고 10분 쉬고 또 한 세트 하고 쉬거나 하루 운동하고 이틀 쉬는 사람들을 흔히 볼 수 있다. 이는 운동하는 시간은 길지만 막상 운동량을 보면 결코 효율적이지 않다. 그래서 나는 근력 운동은 딱 40분만 짧고 굵게 하기로 정했다. 보디빌더가 되는 것이 목표가 아니라면 하루에 이렇게만 꾸준히 운동해도 남부럽지 않은 몸을 만들 수 있을 것이다. 이렇게 짧고 굵게 운동하는 것이 군대에서의 시간도 아낄 수 있기 때문에 매우 효율적이다. 짧고 굵게 운동하기 위해서는 운동하는 시간에 옆의 사람과 잡담하는 등 다른 일을 하지 말고 딱 운동에만 집중해야 한다. 짧고 굵게 시간을 절약해서 운동을 하기 위해, 헬스장에 가기 전에 미리 오늘은 어느 부위를 어떻게 운동하겠다는 계획을 세우고 가면 좋다.

4. 운동 후에는 꼭 스트레칭으로 몸을 풀어주자.

운동 전에 하는 스트레칭도 중요하지만 운동 후 하는 스트레칭도 그만큼 중요하다. 운동을 마무리했으면 한 5분 정도 그 부위를 마사지해주고 기본적인 스트레칭을 해서 몸을 풀어주어야 한다. 운동 후 스트레칭하는 것이 근육을 키우는 데 도움이 된다는 연구 결과도 있으며 스트레칭을 통해 운동으로 지친 몸도 풀어줄 수 있다. 또한 운동을 하면서 잃은 수분을 채우기 위해 물을 많이 마시는 것도 근육 향상에 도움이 된다고 한다.

군대가 좋은 점은 모르는 것이 있으면 주위에 물어볼 수 있는 사람이 많다는 것이다. 체력단련장에 가면 선·후임 중 운동하는 사람이 꽤 많이 있을 것이다. 기구 사용법이나 운동 방법을 모를 때 부끄러워하지 말고 물어보면 친절하게 대답해주고 알려줄 것이며 이렇게 배우면서 선·후임들과 더 친해질 수도 있다. 나도 이런 방법으로 선임에게 배우고 후임들에게도 알려주며 그들과 더 친해질 수 있었다.

군대에서 운동을 시작하기만 하면 누구든지 좋은 몸을 만들어 나갈 수 있다. 1년 9개월이란 시간은 결코 짧지 않은 시간이다. 이 기간만이라도 꾸준히 운동을 하고 관리를 한다면 전역할 때쯤이 되면 자신의 몸에 자신감이 생길 수 있을 것이다. 중요한 것은 '꾸준히' 하는 것이다. 운동하는 날을 정해서 계획된 날에는 '오늘은 좀 피곤하니까 내일 해야지'라는 안일한 생각을 갖지 말고 무슨 일이 있어도 운동을 할 수 있도록 하자.

211일째 날

오늘은 특급 전사 선발대회가 있는 날이다. 지금까지 내가 열심히 준비해온 것을 보여줄 수 있는 날이다. 특급 전사 선발에는 일곱 가지 과목이 있다. 체력, 정신 전력, 사격, 구급법, 경계, 화생방, 각개전투. 우리 부대에서는 각개전투 과목은 제외하고 여섯 가지만 평가를 하여 특급 전사를 선발한다. 첫 과목은 사격이었다. 사격은 열세 개의 과녁 중 열두 개 이상을 맞혀야 합격이다. 오늘은 선발하는 날이라 사격을 하는 사람이 많았기 때문에 많아야 두 번 정도의 기회를 얻을 수 있었다.

아침을 먹고 바로 사격장으로 이동했다. 사격을 하기에는 정말 좋은 날씨였다. 나는 항상 사격 연습할 때 열 발, 열한 발을 맞추었다. 특급 전사에 한두 발 모자라는 성적이었다. 그래서 항상 아쉬웠는데 오늘은 잘 했으면 좋겠다는 마음으로 사격에 임했다.

내 차례가 되었을 때

차례대로 올라오는 과녁을 하나씩 맞춰 나가기 시작했다. 결국 하나만 못 맞추고 열두 개를 맞춰 기분 좋게 특급을 받을 수 있었다. 다 맞추지는 못했지만 선발을 하는 날에 특급을 받을 수 있어서 기분이 좋았다.

오전은 사격으로 마무리 하고, 점심을 먹고 오후에는 체력 측정이 있었다. 체력 측정 과목으로는 팔굽혀펴기, 윗몸일으키기, 3km달리기가 있었는데 팔굽혀펴기, 윗몸일으키기는 자신 있었지만 3km 달리기는 자신이 없었다. 예상대로 팔굽혀펴기와 윗몸일으키기는 특급을 받았고 마지막 3km 달리기만 남겨둔 상태였다. 이 날만을 위해 하루에 3km씩 매일 달렸는데 이번에 특급을 따지 못한다면 또 다음 선발까지 기다려야 한다는 생각에 정말 젖 먹던 힘까지 다해서 열심히 달렸다. 다행히 12분 10초 정도에 들어와 가까스로 특급을 받을 수 있었다.

체력 측정까지 다 하고 나서는 병 기본 평가인 정신 전력, 구급법, 경계, 화생방 평가가 있었다. 구술 평가와 실습이 있었지만 이는 연습을 많이 했고 자신감이 있었기 때문에 예상대로 특급을 받을 수 있었다.
이렇게 해서 오늘 나는 공식적으로 특급 전사가 되어 자랑스러운 특급 전사 배지를 받았다. 한 달 동안 열심히 준비한 결과라서 더 기분이 좋았고 무엇보다 내가 군 생활 중에 이루고 싶었던 목표를 달성했기에 정말로 뛰어오를 듯한 기분이었다. 내가 우리 부대에서 50등 안에 들었다고 한다. 무엇보다 좋은 것은 휴가를 받는다는 것이다. 선임들도, 간부님들도 잘했다고 칭찬해 주셨다. 이제 2개월 조기 진급도 할 수 있고 휴가도 나갈 수 있다. 오늘은 지금까지의 노력이 결실을 맺는 뜻깊은 날이었다.

특급 전사가 되기 위한 평가 과목

팔굽혀펴기 - 팔굽혀펴기는 맨바닥에서 하지 않고 바닥에서 20cm 정도 떨어져 있는 봉을 잡고 한다. 바닥에서 하는 것보다 쉽고 많이 할 수 있지만 특급을 받으려면 2분 안에 72개 이상을 해야 한다. 한 번에 하지 않아도 되고 2분 내에 잠시 쉬었다가 해도 인정해준다. 사실 팔굽혀펴기 72개는 쉽게 할 수 있는 개수는 아니다. 그렇기 때문에 꾸준히 하루하루 연습하여 하나하나 개수를 늘려나가는 것이 중요하다.

윗몸일으키기 - 윗몸일으키기는 2분 안에 82개 이상 해야 한다. 보통 파트너가 발을 잡아주거나 발을 고정하고 하기 때문에 안정적으로 할 수 있다. 하지만 82개는 상당히 많은 횟수이기 때문에 이 또한 연습 없이는 달성하기 힘들다.

3km 달리기 - 많은 병사가 3km 달리기에서 특급 받는 것을 힘들어한다. 실제로 나도 특급 전사 과목 중 이 과목이 제일 힘들었다. 3km를 12분 30초 안에 뛰어야 특급을 받을 수 있기 때문이다. 3km는 운동장 열 바퀴 정도라고 생각하면 된다. 3km 달리기는 꾸준한 노력 없이는 힘든데, 노력해서 안 될 것은 없다. 결국 꾸준한 노력으로 시간을 단축시킬 수 있고 포기하지 않는다면

분명 특급을 받을 수 있을 것이다.

정신 전력 - 정신 전력이란 과목은 4지선다형, O, X문제형으로 되어 있는데 보통 역사, 국가관, 안보관에 관한 퀴즈이다. 시험 같아 어렵게 느낄 수 있는데 다행히도 문제은행을 주고 대부분 그 문제와 똑같은 문제가 출제된다. 하지만 문제은행 문제가 300개 정도 되는데 이를 전부 공부하지 않고는 특급을 받기가 힘들다. 우리 부대에서는 20문제를 출제했는데 몇 문제를 출제할지는 부대별로 차이가 있을 수 있다. 정신 전력에서 높은 점수를 얻는 방법은 시간을 투자해 공부하고 외우는 방법밖에는 없다. 나오는 문제는 정해져 있기 때문에 자주 보면 눈에 익을 것이고 집중해서 외운다면 좋은 결과를 볼 수 있을 것이다.

사격 - 사격은 상당히 까다로운 과목 중 하나이다. 내가 있던 부대에서는 13표적 중 12표적 이상을 맞추어야 특급을 받았는데 이 기준은 부대마다 다를 수 있다. 나는 훈련소에서도 사격을 뛰어나게 잘 하는 편이 아니었다. 훈련소 기록 사격 때 여러 번 만에 간신히 통과했고 사격에 뛰어난 재능이 있지 않았다. 하지만 자대에 와서 특급 전사를 따기 위해 여러 번 사격을 연습했고 이렇게 총 쏘는 연습을 많이 하다 보니 실력이 점점 늘어 특급을 딸 수 있게 되었다.

훈련소의 사격과 좀 달랐던 점은 훈련소에서는 같은 자세에서 사격을 했다면 특급 전사 사격은 자세를 바꾸어가며 한다는 것이다. 쪼그려 앉아서도 쏘고 서서도 쏘며 연사, 점사 등 훈련소 때는 해 보지 않았던 여러 스타일로 사격을 해야 한다. 모든 것이 그렇지만 사격도 잘 하려면 꾸준히 연습하고 여러 번 쏴 보는 방법밖에는 없다. 사격을 연습할 수 있는 기회가 수시로 있지는 않겠지만 기회가 있을 때마다 열심히 연습하고 노력한다면 사격에서도 특급을 받을 수 있을 것이다.

다음으로는 병 기본 과목들인데 이에 대한 특급 전사 선발 기준은 부대마다 다를 수 있다. 우리 부대에서는 보통 말로 하는 구술 평가 이후 실습 평가로 진행되었다. 기본적인 것들을 잘 외우고 연습한다면 병 기본 과목이 특별히 어려운 관문은 아닐 것이다. 병 기본 과목에서는 어떤 것들을 배우는지에 대해 간단하게 알아보겠다.

구급법 - 구급법으로는 심폐소생술, 지혈법, 골절된 팔을 고정하는 부목법, 운반법 등을 배운다. 시험용 애니로 심폐소생술을 하는 실기 시험을 보게 될 것인데 순서와 요령을 잘 익히면 된다.

경계 - 경계 과목에서는 근무 요령, 적 포획, 포로 취급 요령, 포박과 거수하는 방법을 배우게 된다.

화생방 - 화생방 과목에서는 화생방 상황 하에서 사용하는 제독물자인 신경 해독제(Kmark-1)와 개인 제독제(KD-1)의 사용법을 배우고 화생방 상황 시 대처 능력인 임무형 보호 태세(MOPP)에 대해서 배운다.

각개전투 - 각개전투에서는 위장과 주·야간 이동 방법, 그리고 장애물 극복 방법을 배운다.

지금까지 일곱 가지의 특급 전사 평가 과목들에 대해서 알아보았다. 구급법, 경계, 화생방, 각개전투는 실습도 중요하지만 구술 평가의 형태로 볼 수 있기 때문에 외우는 것도 중요하다. 안타깝게도 어떤 것도 쉽게 외우는 방법은 없다. 다만 많이 보고 많이 해 보아 머리에, 몸에 익히는 수밖에 없다. 만약 이 글을 읽고 있는 사람이 아직 군대에 가지 않았거나 훈련병이라면 벌써부터 특급 전사를 준비할 필요는 없다. 자대에 가서 시작해도 이 과목들을 준비할 시간이 충분히 있을 것이다. 그래도 정말 준비하고 싶다면 체력 단련 정도만 준비하면 된다. 특급 전사를 따면 많은 혜택이 있다. 의욕이 넘치는 중요한 시기인 일병 때, 특급 전사에 도전해서 이 좋은 혜택들을 노려보자. 특급 전사를 따기 위한 노력이 결코 수포로 돌아가진 않을 것이다.

253일째 날

오늘은 내가 우리 분대의 저녁 식당 청소 당번이었다. 하지만 정신이 없어 이를 잊고 있었다. 전투 체육 후 저녁을 먹고 내 당번인 줄 모르고 선임들이 축구를 하자고 하기에 축구를 했다. 축구를 하고 돌아왔는데 분대 내에 싸한 기류가 흘렀다. 우리 분대장이 나를 찾았다고 한다. 그래서 분대장을 찾아갔다. 분대장은 기분이 안 좋아 보였다. 그제서야 나는 내가 식당 청소 당번이었다는 것을 깨닫고 혼나겠구나 생각했다. 예상대로 많이 혼났다. 알고 보니 내가 못한 청소를 내 선임이 했다고 한다. 일병 되더니 빠졌냐는 등 30분 정도 혼나고서야 나는 다시 정신을 차렸다. 분명 내가 잘못한 일이었다. 일병이 되어서 좀 방심한 탓도 있는 것 같다. 앞으로 다시 잘 해야겠다는 생각을 했다.

군 생활이 익숙해질 때를 조심하자

일병이 되면 완전히는 아니지만 군 생활에 어느 정도 익숙해진다. 선임들도 다 알고 후임들도 좀 있으며 군대에 충분히 적응했을 때이다. 이때 자칫하면 위에 내가 했던 행동처럼 풀어질 수 있다. 풀어진다는 의미는 방심하여 열심히 하지 않게 된다는 것을 말하는데 일병 때부터 풀어진 모습을 보이면 선임들이 보기에 좋지 않다. 생각해보면 일병은 그리 높은 계급이 아니다. 군 생활 퍼센티지로 따지면 아래서 15~50%에 해당되는 계급이다. 그러므로 일병이 되어서 군 생활에 익숙해졌다고 긴장의 끈을 놓아서는 안 된다. 매일매일 같은 일상이 반복되고, 또 달라지는 것은 없고 일주일은 쳇바퀴 도는 것 마냥 지나가는 것 같을 수도 있다. 그럼에도 자신의 주어진 일에 열심히 최선을 다하는 일병이 되도록 하자.

지금까지 일병에 대해서 알아보았다. 후임들에게 잘해주기, 열심히 운동하기, 특급 전사되기, 익숙해지는 것을 조심하기 등 생각보다 해야 할 일이 많이 있다. 일병의 기간은 7개월이기 때문에 좀 길게 느껴질 수는 있다. 일병은 군대에 완전히 적응하고 자신의 특기를 익히는 단계이기도 하다. 이렇게 중요한 시기에 앞에서 언급한 대로 열심히 자신의 주어진 일에 최선을 다 한다면 시간이 지나 진급할 때 손색없는 상병이 될 수 있을 것이다.

" 오늘 나는 공식적으로 특급 전사가 되어 자랑스러운 특급 전사 배지를 받았다. 한 달 동안 열심히 준비한 결과라서 더 기분이 좋았고 무엇보다 내가 군 생활 중에 이루고 싶었던 목표를 달성했기에 정말로 뛰어오를 듯한 기분이었다.

제 6장

전문가가 되다
- 상병

288일째 날

드디어!!! 내가 상병이 되었다!!!!

기나긴 7개월의 일병 생활을 마치고 상병 계급장을 전투복에 달았다. 뒤돌아보면 많은 일이 있었던 것 같다. 그중 가장 자랑스러운 건 전투복에 붙어있는 특급 전사 마크이다. 상병이 되기 전에 특급 전사를 따서 자랑스럽다. 이제 후임도 많이 생기고 분대 선임들이 하나둘 전역하고 나도 분대에서 어느 정도 위치를 차지하게 되었다. 사무실에서의 일은 이제 익숙하다. UFG라는 큰 훈련을 한 번 경험했기 때문에 이제 2주 동안 밤을 새우며 하는 훈련에도 익숙하다. 이젠 휴가를 나가도 가끔 부대로 복귀하고 싶기도 하다. 상병이 되면서 달라진 점이 있다면 선임들과 훨씬 친해졌다는 것이다. 예전에는 어려웠던 선임들도 이제는 장난도 치고 말도 가끔 놓을 정도로 친해졌다. 실제 나이를 보면 같거나 나보다 어린 친구들도 있기 때문에 가끔 말을 놓으면서 장난을 치기도 한다. 물론 간부님들과도 많이 친해졌다. 당연히 나보다 나이가 많은 분들이지만 가끔 장난을 칠 때면 간부님들은 애교로 받아주며 귀여워해주신다. 앞으로 또 7개월 간 상병의 계급장을 달고 군 생활을 하게 된다. 병장까지의 긴 여정이지만 상병이 된 만큼 모범이 되어 열심히 해야겠다는 생각이 들었다.

가장 중요한 계급, 상병

 우리나라는 이등병부터 시작해서 4성 장군까지 있는 미국과 같은 군 계급 체계를 사용하고 있다. 어학병인 나는 미군 계급 체계에 대해 공부하면서 미군 상병 계급에는 Corporal과 Specialist라는 두 종류가 있다는 것을 알게 되었다. 나는 여기서 미군들이 상병을 Specialist라 부른 것에 대해 주목해보려고 한다. Specialist는 '전문가'라는 뜻이다. 그렇다면 왜 상병을 '전문가'라고 부를까. 그 이유는 상병은 실제로 자신의 일에 전문가가 되는 계급이기 때문이다.

 상병이라면, 그리고 군 생활을 한 1년 정도 했다면, 군대에서 충분히 전문가라고 부를 수 있다. 상병이 되었으면 후임도 있고 부대에서도 꽤 높은 위치이다. 상병도 일병처럼 7호봉까지 있어서 병장이 되려면 7개월이라는 긴 시간을 복무해야 한다. 하지만 상병 때는 군 생활에 완전히 적응하고 자신의 주특기에 숙달하고 이에 완벽하게 적응한 시기이다. 정말 상병은 자신의 일에 전문가가 되어야 한다. 상병이 되었으면 주어진 일을 완벽하게 수행해야 하며 자신이 하는 모든 일에 책임감을 가져야 하고 이등병이나 일병 때처럼 어설프게 하거나 실수를 해서는 안 된다.

 이등병 때는 아무것도 몰랐고 일병 때는 바쁘게 일을 배우느라 정신없었다면 상병이 되었으면 자신에게 주어진 일 정도는 능숙하게 할 수 있어야 한다. 군대에는 분대장(Squad Leader)이라는 직책이 있는데 이 중요한 직책은 대부분 상병 때 맡게 된다. 상병이 분대장을 맡는 것만 봐도 상병이 얼마나 중요한 계급인지 알 수 있다. 그렇다면 이렇게 중요한 시기인 상병 때 어떻게 행동해야 하는지 더 자세히 알아보자.

303일째 날

오늘은 같은 분대 동기인 내가 좋아하는 형과 이야기를 나눌 기회가 있었다. 내가 2월 1일에 입대했는데 이 형은 2월 28일에 입대했다. 같은 2월 동기지만 입대는 한 달 정도 차이가 난다. 이 형은 나에게 시간이 너무 안 간다고 털어놓았다. 1년 동안은 군 생활을 잘해 왔는데도 앞을 보니 군 생활이 너무 많이 남은 것 같고, 선임들에게 혼나는 것은 없지만 시간이 너무 느리게 가고 군 생활이 지루하게 느껴진다고 했다.

사실 그렇다. 처음 하는 일은 배우면서 즐겁게 할 수 있지만 그 일이 익숙해지면 지루해지고 지치고 싫증이 나게 마련이다. 특히 군대라는 조직에서는 같은 일과를 매일 반복하기 때문에 더 그렇게 느낄 수 있다. 하지만 나는 군 생활을 하면서 이런 권태기를 겪어본 적이 없다. 그 이유를 곰곰이 생각해보니 결국 계획과 목표가 있었던 덕분이다. 나에게는 매일매일 일과가 끝나고 무언가 할 일이 있었고 이 목표를 하나하나 달성해나가면서 군 생활을 했기 때문에 시간이 잘 안 간다는 생각은 들지 않았다. 아마 시간이 안 간다는 생각을 할 시간 자체가 없었는지도 모르겠다.

이야기를 들어보니 이 형은 일과가 끝나고 아무 것도 하지 않는다고 한다. 그냥 생활관 사람들이랑 잡담하고 TV보고, 밥 먹고, 사이버 지식 정보방에 가서 SNS를 하는 등 매일 똑같은 지루한 일상을 반복한다고 한다. 그래서 나는 이 형에게 무언가 한 번 목표를 세워 시작해보라고 말해주었다. 그것이 자격증이든, 공부든, 운동이든 한 가지 정해서 목표를 세우고 해보라고 했다. 그렇게 말해주니 좋은 생각이라며 운동을 하겠다고 했다. 새삼스럽게 목표와 계획이 얼마나 중요한 것인지 느낄 수 있는 하루였다.

모든 게 지루해지는 시기, 나태해지지 말자

이등병 때는 아무것도 모르고 이것저것 배우다 시간이 지나서 일병이 된다. 일병 때는 일을 제대로 익히느라 정신없다가 또 시간이 지나 상병이 된다. 상병이 되고 나면 수많은 새로웠던 것에 익숙해지고 이렇게 익숙해진 일을 계속 하다 보면 모든 것이 지루해진다. 이는 핸드폰을 바꾸었을 때와 비슷하다. 새 핸드폰을 구매했을 때는 마냥 좋고 신기하고 재미있어 하다가 그 핸드폰에 익숙해지면 질리고 또 새로운 핸드폰으로 바꾸고 싶게 마련이다.

실제로 상병 때 권태로운 시기가 찾아오는 경우가 많다. 아마 이 시기에 시간이 잘 가지 않는다고 느끼는 사람이 꽤 많을 것이다. 쳇바퀴 돌듯 매일 같은 일과를 하고 같은 밥을 먹으며 같은 사람들과 같이 생활하다 보면 하루가 일주일 같은 느낌을 받을 때도 있다. 이럴 때 많은 상병이 휴가를 나가고 싶어하고 이 때문에 일이 하기 싫어지고 점점 나태해진다.

이 시기는 정말 견디기 힘든 시기 중 하나이다. 힘들어도 시간만 잘 가면 좋겠는데 힘은 드는데 시간이 안 간다고 느껴질 때 무기력해질 수밖에 없다. 그래서 많은 상병이 이 시기에 군 생활에 회의감을 느끼고 활력을 잃어버린다. 이렇게 무기력할 때 군 생활에 활력을 불어넣어주는 것이 바로 취미 활동이다. 시간이 잘 안 가는 이유는 대개 일과가 끝나고 남은 시간에 할 것은 없고 시간을 때우기 위해 TV만 보고 있기 때문이다. 그런데 일과 후 자신이 좋아하는 취미 활동을 찾는다면 일과 중에도 일과 후에 할 취미 활동을 생각하며 즐겁게 일할 수 있다. 또 개인 정비 시간에도 취미 활동을 하며 즐겁게 군 생활을 할 수 있을 것이다.

모든 것이 익숙해지고 지루해지면서 나태해질 수 있는 상병 때 취미 활동을 찾고 자신이 좋아하고 해보고 싶었던 것들을 찾아 열심히 노력한다면 이러한 권태로운 시기를 의미 있는 시간으로 바꿀 수 있을 것이다. 군 생활을 하다 보면 시간을 잘 활용하는 사람들도 있었지만 대다수의 병사가 시간이 너무 안 간다고 불평불만하면서 TV를 보며 시간을 때웠다. 국방부의 시계는 멈추지 않는다고 한다. 군대에서의 시간은 무엇을 어떻게 하든 지나갈 뿐이다. 이 시간을 잘 활용하느냐 못 하느냐에 따라 좁게는 군 생활이, 넓게는 인생이 바뀔 수 있다. 상병 때 시간이 잘 안 간다고 느껴진다면 취미를 찾아 열심히 무언가에 열중하고 자신의 주어진 일에 최선을 다 해보자. 그렇게 했을 때 시간도 잘 가고 나중에 뒤돌아보면 그때가 보람찬 시간이었다는 것을 알 수 있을 것이다.

369일째 날

요즘은 가끔씩 계획을 지키지 못할 때가 있다. 그래서 그 원인을 한 번 분석해보았다. 첫 번째로 축구 때문이다. 이등병, 일병 때 나는 골키퍼 아니면 수비만 했다. 하지만 상병이 되고 나름 선임이 되니까 공격수를 할 수 있게 되어 골도 넣을 수 있었고 수비를 하던 때보다 축구가 훨씬 재미있어졌다. 왜 군대 축구를 '짬 축구'라고 하는지 알 것 같았다. 두 번째는 게임 때문이다. 우리 부대에는 PX 옆에 게임방이 있다. 노래방과 게임기(컴퓨터와 플레이스테이션)들이 있는 곳인데 생활관 사람들은 그중에서도 스타크래프트라는 고전 게임에 빠졌다. 물론 나도 가끔씩 같이 했다. 주말에는 아침 점호가 끝나고 바로 달려가 게임을 하곤 하는데 한 번 빠지면 세 시간씩 하다 보니 계획한 일을 제대로 하지 못할 때가 많다. 세 번째는 드라마 때문이다. 생활관 인원들이 TV를 보면 나도 가끔 같이 볼 때가 있는데 드라마를 어떻게 그렇게 잘 만들었는지 한 편을 보면 그 전 편부터 정주행을 하게 된다. 네 번째는 사이버 지식 정보방 때문이다. 여기서 컴퓨터로 SNS, 유튜브 동영상을 보기 시작하면 걷잡을 수 없이 보게 된다. 마지막 이유로는 탁구가 있다. 요즘 우리 부대에서는 탁구 치는 것이 유행이다. 탁구를 치면서 음료수 내기 같은 것을 하는데 정말 재미있다. 시도 때도 없이 탁구를 치자고 하고 탁구를 치다 보면 시간이 정말 금방 지나간다. 내가 공부를 할 때면 "형, 게임하자", "송 상병님, 공 한번 차시겠습니까?", "탁구 한 판 하자" 이런 식으로 선·후임, 동기가 나를 유혹한다. 이렇게 하면서 내가 세웠던 계획이 하나하나 어긋나기 시작했고 이등병 때 세웠던 계획은 하루하루 지켜지지 못했다. 이렇게 계획들을 지키지 못하는 나 자신을 보고 다시 계획을 세워야겠다고 다짐을 했다. 그래서 무엇을 하지 말아야 하고 무엇을 다시 해야 하는지 차근차근 적어나갔다. 앞으로는 결심을 하면 지키는 결단력을 길러야겠다고 생각했다. 다시 마음을 가다듬고 계획을 지키도록 열심히 노력해야겠다.

아직 늦지 않았다, 계획과 목표를 세우자

 이 책을 처음부터 읽어보았다면 이등병 때 목표를 세우라고 한 부분을 기억할 것이다. 상병이 되었을 때 자신의 목표와 계획을 뒤돌아보면 자신이 잘 하고 있었는지 아니면 계획들이 지켜지지 못하고 있었는지 알 수 있다. 목표를 향해 계획을 어김없이 지키고 있었다면 잘 하고 있는 것이다. 계속 그렇게 해 나가면 된다. 하지만 잘 지켜지지 않았거나 목표와 계획을 세우지 않았다 해도(아마 대다수가 여기에 해당될 것) 아직 늦지 않았다, 다시 목표와 계획을 세워 시작하면 된다.

 갓 상병이 되었을 때라면 아마 300일 정도의 군 생활이 남았을 것이다. 이 300일이란 시간은 무언가를 이루고도 남을 충분한 시간이다. 나도 사실 상병이 되고 나서야 이 책을 써야겠다는 생각을 갖게 되었다. 이후 계획을 세워 하루에 한 주제씩 하루 한 시간씩 써 나가다 보니 불가능할 것 같았던 책 쓰기도 완성할 수 있었다. 그러므로 자신이 상병인데 아직 아무런 계획이 없다 해도 괜찮다. A4용지를 꺼내서 자신의 목표와 세부 계획을 한번 적어 보자. 상병일 때 시작해도 전역 전까지 정말 많은 것을 이룰 수 있다. 특히 앞에서 언급했듯이 상병 땐 시간이 정말 느리게 간다. 하지만 목표를 정하고 계획을 세워 무언가에 몰입하면 시간도 잘 가고 의미 있는 군 생활이 될 것이라고 확신한다.

388일째 날

KR훈련이 1주 앞으로 다가왔다. 내가 군대에 들어와서 받는 두 번째 훈련이다. 훈련 시작 2주 전부터 야근도 많이 하고 통역, 번역 연습도 많이 하고 있다. 미군들이 우리 부대에 찾아왔다. 가끔 아침에 뜀걸음을 할 때 미군들과 마주치곤 한다. 통역을 해줄 때 긴장하지 않고 더듬지 않으려면 열심히 준비해야 한다. 이전 훈련 때는 조금 미숙했다면 이번에는 확실하게 하려고 준비를 많이 하고 있다. 군사 용어도 많이 외우고, 군 체계, 훈련 방식 등 이것저것 많이 숙지하고 있다. 가끔 훈련 중에 장군님 통역을 맡기도 하는데 이때 잘 하지 못하면 나 뿐만 아니라 내 위에 있는 간부님들도 혼나기 때문에 대충 할 수 없는 상황이다. 그래도 군 생활을 어느 정도 한 상병인데 내 특기인 통역 / 번역조차 제대로 하지 못하면 나 자신에게 부끄러울 것 같아 더 큰 책임감이 생긴다. 이번 훈련을 순조롭게 잘 마무리할 수 있으면 좋겠다.

자신의 일에 스페셜리스트가 되자

나는 상병이 되었을 때 수많은 군사 용어를 완벽하게 숙지하고 있어야 했다. 어학병의 임무를 수행해야 했기 때문에 훈련 기간에는 수많은 통역과 번역을 했다. 번역은 제한된 시간 안에 해야 했고, 통역은 순차 통역으로 바로바로 듣자마자 통역해야 했기 때문에 실전에서는 사전을 뒤질 시간이 없었다. 그래서 나는 일병과 상병 때 특히 훈련 전에 수많은 용어 숙지와 통역, 번역 연습을 했다. 나에게 주어진 특기와 맡은 일이 어학이었기 때문에 내 일에서의 전문가가 되려고 열심히 노력했다.

장병 개개인마다 자신의 특기에 따른 임무가 있을 것이다. 상병이 되었으면 자신이 맡은 일에는 전문가가 되어있어야 한다. 상병인데 아직 자신의 특기를 완벽하게 숙지하지 못했다면 더 열심히 해서 자신의 주어진 일에 전문가가 되자. 군대는 어떤 일에 전문성을 키우기에 참 좋은 곳이다. 군 생활 동안 일과 시간에 이런 저런 다른 일을 하는 것이 아니라 자신에게 주어진 특기대로 일을 하기 때문에 오히려 전문성을 갖추지 않기도 쉽지 않다. 군대에서 하는 일이 나중에 전역하고 어떻게 쓰일지 모르기 때문에 자신이 하는 일에 전문가가 된다는 생각을 가지고 주어진 일에 최선을 다할 수 있도록 노력하는 것이 좋다.

내가 미군들과 같이 훈련을 하면서 느낀 것인데 미군들은 자신의 하는 일에 대한 자부심이 대단했다. 반면에 한국군 상병은 대부분 의욕과 활력이 없는 모습이었다. 군대가 잘 돌아가려면 일병, 상병들이 필요하다. 이들이 실질적으로 일을 하고 있는 계급이기 때문이다. 그러므로 상병이 되었으면 나라를 지킨다는 마음으로 자신의 일에 스페셜리스트가 되어 주어진 일에 최선을 다 하자.

410일째 날

오늘도 부모님과 통화를 했다. 통화를 할 때마다 아버지께서는 나에게 항상 겸손을 당부하셨다. 아무리 내가 계급이 높아져도 이등병 때의 마음을 가지고 거만해지지 말라고 말씀하셨다. 하지만 겸손해지는 일은 참 힘든 일인 것 같다. 내가 그래도 상병인데 겸손해질 필요가 있을까 하는 생각도 든다. 청소는 밑에 있는 이등병, 일병들이 하면 되고 작업이 있을 때는 밑에서부터 나가면 되며 점호 집합도 그냥 설렁설렁 시간에 맞춰서 나가면 되는 거 아닌가 하는 생각이 들기도 한다. 이럴 때마다 아버지와의 통화는 나를 다시 한 번 뒤돌아보게 만든다. 통화할 때마다 내가 후임들보다 잘난 것은 계급 하나밖에 없는데 내가 이렇게 해도 되나 하는 생각도 들면서 다시 한 번 겸손해지게 된다. 상병이 되고 후임들에게 별로 잘해준 것이 없다는 생각도 든다. 오늘은 아버지와 통화를 하며 내 이등병, 일병 때를 뒤돌아보며 겸손해지는 것에 대해 다시 한 번 생각하는 귀한 시간을 가졌다.

겸손해지자

나는 군대에 처음 들어가자마자 겸손을 배울 수 있었다. 군대에 가기 전에는 유학도 다녀오고 비교적 부족함 없이 살아왔다. 그런데 훈련소에 들어가니 조교들이 한없이 높아만 보였다. 자대에 와서는 계급은 둘째 치고 미국의 유명 아이비리그 대학교, 한국의 명문 대학교에 다니고 있는 선임들과 나보다 훨씬 잘난 사람을 많이 만날 수 있었다. 군대에 오고 나서야 우물 안의 개구리처럼 거만하게 살았던 나를 다시 생각해보며 겸손해질 수 있었다. 이처럼 이등병, 일병 때는 저절로 겸손해지게 마련이다.

하지만 상병이 되고 병장이 되면 겸손해지기가 쉽지 않다. 필수 사항에서 선택 사항이 되었을 때 이를 유지하는 것은 쉽지 않은 일이다. 밑에 100명 이상 부하가 있고, 복도에서는 경례를 받고 다니고 이전에 하던 작업이나 청소도 안 하게 되는 등 사람이 편해지니까 풀어지고 다시 거만해진다. 예전엔 10분 전에 집합했다면 상병, 병장이 된 이후로는 5분 전, 3분 전에 집합하고 빠질 수 있는 작업들은 빠지는 등 계급이 올라가고 위치가 올라갈수록 나태하고 거만해지기 쉽다. 하지만 이 시기에도 겸손을 유지하는 것이 좋다. 겸손은 살아가면서 꼭 필요한 덕목 중 하나이기 때문이다. 군 생활을 하면서 특히 높은 위치에서도 겸손을 실천할 수 있다면 그보다 귀한 배움은 없을 것이다.

성공하는 리더의 필수 덕목 중 하나가 겸손이라고 한다. 군대에서 특히 상병 때 이렇게 중요한 덕목인 겸손을 배운다면 나중에 사회에 나가 중요한 일을 하는 사람으로 성장할 수 있을 것이다.

> 통화를 할 때마다 아버지께서는 나에게 항상 겸손을 당부하셨다. 아무리 내가 계급이 높아져도 이등병 때의 마음을 가지고 거만해지지 말라고 말씀하셨다. 하지만 겸손해지는 일은 참 힘든 일인 것 같다. 내가 그래도 상병인데 겸손해질 필요가 있을까 하는 생각도 든다.

제 7장

리더가 되자
- 분대장

441일째 날

오늘은 분대장 교육대에 입소하는 날이다. 어제 밤, 그리고 오늘 아침 이것저것 준비물을 챙겼다. 아침 아홉 시쯤, 더플백, 군장, 침낭 등을 들고 버스를 탔다. 어제 생활관 형이 준 과자들도 침낭 속에 꽁꽁 숨겨놓았다. 버스를 타고 인근 부대 신병 교육대로 갔다. 입소를 한 후 강당에서 짐을 풀고 준비물을 확인받은 후 배정받은 생활관에 들어가 짐을 풀었다. 마치 신병이 된 기분이었다. 이후 대대장님 앞에서 입소식을 하고 점심을 먹고 소양 평가라는 시험을 봤다. 소양 평가는 국가관, 안보관에 대한 시험으로 입소 전 공부를 해 왔어야 하는 시험으로 도착하자마자 바로 시험을 쳤다.

이후 강당에 가서 병 기본 과목에 대해 배우고 실습 수업을 진행했다. 4개 과목을 나누어서 했는데 오늘 우리 조는 경계 수업을 진행했다. 물론 훈련소에서 다 했던 것들이었지만 오랜 시간이 지나 기억이 가물가물 한 상태였다. 적을 묶고 수하하는 시범식 교육과 외워서 말하는 구술 평가가 있었다. 더러운 강당 바닥에서 했기 때문에 전투복과 몸이 더러워져 샤워를 하고 저녁을 먹으러 식당으로 갔다. 식당에서는 나보다 계급도 낮은 조교가 김치를 조금씩만 가져가라고 빡빡하게 굴어서 좀 다투기도 했다. 밥은 나름 맛있는 편이었다.

저녁에는 지도를 읽는 방법인 독도법을 배웠다. 내일은 시험과 실습이 있다고 한다. 아홉 시쯤 담당 구역을 청소하고, 열한 시까지 의무 연등으로 내일 배울 것들의 복습과 소양 평가를 공부했다. 열한 시에 취침을 하고 한 시 반쯤 불침번 근무가 있어 한 시간 동안 근무를 서고 다시 잠에 들었다. 잠은 잘 잤는데 자대에서보다 통제도 받아야 하고 지루해 시간이 잘 가지 않았다. 여긴 훈련소처럼 시간이 느리게 가는 것 같다. 빨리 수료하고 자대로 돌아가고 싶다. 오늘은 자대가 그리워지는 날이다.

분대장은 할 일이 많다

 군대는 큰 조직과 작은 조직들로 구성되어 있다. 큰 조직으로는 사령부, 군단, 사단, 여단 등이 있고 작은 조직으로는 중대, 소대, 분대 등이 있다. 이 중 제일 작은 조직에 해당하는 것이 분대이며 분대는 병사로만 이루어져 있다. 이 분대를 통솔하고 지휘하는 사람을 '분대장'이라고 한다. 사전에 의하면 분대장은 '24시간 스킨십을 통해 분대원들을 관리하는 자'라고 한다. 전쟁이 났을 때는 전투를 지휘하고 평시에는 분대원들을 관리하며 병영 생활을 도와주는 중요한 역할을 하는 직책이다.

 분대장은 분대 점호 집합 통제, 체력 단련 인솔 및 분대원 건강 확인, 청소 상태 확인, 학과 출장 인솔, 상향식 일일 결산 참석, 분대원 휴가 종합, 분대원 애로 및 건의 사항 보고·조치 등 여러 가지 일을 맡아서 하게 된다. 분대장에게는 분대의 지휘자라는 의미의 녹색 견장이 수여된다. 분대장은 책임질 것도 많고 해야 하는 일도 상당히 많다. 그렇기 때문에 아무나 할 수 있는 것이 아니며 보통 전 분대장의 추천을 받거나 해당 부대 간부의 지명을 받아서 수행하게 된다. 책임이 있는 만큼 보상도 있는데 분대장을 한다는 명예와 더불어 분대장 임기를 훌륭하게 수행할 경우 임기가 끝나고 '분대장 위로 휴가'를 받게 된다. 나도 상병 때 석 달 넘게 분대장의 직책을 수행하였다.

453일째 날

오늘은 분대장 이·취임식 날이다. 내가 벌써 분대장이라니. 실감이 나지 않는다. 분대의 장. 명예로운 만큼 분대를 책임져야 한다는 책임감도 있다. 이제는 나만 잘해서 되는 것이 아니라 우리 분대원들도 잘 할 수 있게 관리해야 한다. 내 맞선임이었던 전 분대장은 그 역할을 잘 했다. 리더십도 있었고 누구에게도 '꿀리지 않는 분대'를 만들었다. 이렇게 좋은 분대를 맡으면서 막중한 책임감을 느꼈다.

아침에 중앙 복도에 모여 중대장님 주관으로 분대장 취임식을 했다. 수고했던 전 분대장의 녹색 견장이 내 어깨에 달렸다. 녹색 견장은 지휘자를 의미한다. 이제 내가 분대의 지휘자가 된 것이다. 박수로 취임식이 끝났다. 분대장이 된 만큼 앞으로 더 책임감 있는 분대장이 되기 위해 노력해야겠다고 생각했다.

분대장이 되는 방법과 절차

분대장은 전임 분대장의 추천을 통해 행정보급관, 지휘관에게 보고되고 지휘관 평가 후 승인을 받은 사람이 될 수 있다. 휴가도 받을 수 있고 분대장이라는 명예도 있기에 하고 싶어 하는 병사가 꽤 있다. 하지만 분대장의 자리는 한정적이기 때문에 하고 싶어도 못하는 병사들도 있게 마련이다. 대체적으로 부대 생활을 성실히 하고 선임들에게 좋은 이미지를 쌓은 병사가 분대장을 맡는다. 또 계급이 낮아서도 안 되고 너무 높아서도 안 되기 때문에 보통 분대장은 상병 때 많이 하게 된다.

분대장을 하기로 결정되었다면 분대장 교육대(이하 분교대)에 다녀와야 한다. 분교대에서는 10일 동안 교육을 받는데 분대장으로서 갖추어야 할 자질들을 배우는 기간이라고 생각하면 된다. 분교대에 가면 인성, 정신 교육, 병 기본(구급법, 화생방, 경계, 각개전투), 독도법 등을 배우게 된다. 나도 분대장 교육대에 다녀왔는데 마치 훈련소에 다시 간 기분이었다. 물론 훈련소보다는 편하지만 교육대 내의 조교들에게 통제를 받아야 했고 심지어 나보다 계급이 한참 낮은 이등병 조교들의 통제에도 따라야 했기 때문에 기분이 별로 좋진 않았다.

또 그냥 교육만 받는 것이 아니라 구술 시험과 실기 시험이 있었기 때문에 공부까지 해야 했다. 분대장 교육대에서 하는 모든 평가는 다 점수를 매겨 등수를 내서 해당 부대에 통보되기 때문에 대충할 수도 없는 노릇이다. 만약 3등 안에 들었다면 사단장 표창, 연대장 표창, 대대장 표창 등을 받을 수도 있으며 이는 자대에서 포상 휴가로 연결된다. 분교대에 가면 높은 등수를 노리고 미리 공부해 온 병사가 많기 때문에 등수 안에 들고자 한다면 분교대 입소 전부터 미리 공부해두어야 한다. 교육대에서는 자치근무제로 중대장, 소대장, 분대장 훈련병을 뽑는데 여기서 중대장 훈련병을 하고 어느 정도 상위권 점수만 유지한다면 표창을 받을 확률이 상당히 높아진다. 그러므로 표창과 휴가에 관심 있다면 중대장 훈련병을 해 보는 것을 적극 추천한다. 분대장 교육대를 잘 수료하고 자대에 오면 분대장 취임식을 한다. 이때 녹색 견장을 받고 이를 양 어깨에 차면 그때부터 분대장의 역할을 수행하게 된다.

478일째 날

오늘은 휴가 건으로 간부님과 우리 분대원 사이에 갈등이 좀 있었다. 분대원 중 한 명이 위로 휴가를 건의했는데 담당 간부님께서 위로 휴가를 주지 않겠다고 하셨다는 것이다. 그 분대원이 왜 그런지 물어보니 분대장이 와서 얘기하라고 했다는 것이다. 그 분대원이 나에게 찾아와 어떻게 해야 할지 상담하였다. 그래서 내가 가서 말씀드려보겠다고 했다. 그래서 일과가 끝나고 간부님을 찾아갔다. 가서 하나하나 차근차근 설명해 드렸다. 왜 이 휴가가 필요하고, 얼마나 일을 열심히 했으며 부대 생활도 잘 하고 있다고 말씀드렸다. 그렇게 하니 생각해 보겠다고 하셨고 이후 휴가를 주겠다고 결정하셨다. 오늘 분대장으로서 제 역할을 한 것 같았고 앞으로도 이렇게 분대원들을 잘 챙겨주어야겠다고 생각했다.

분대장은 분대원들의 변호인이다

 분대장은 학교에서 각 반의 반장과도 같다. 반장이 학급과 학생들을 대표하며 반을 위해 일하고 봉사하듯 분대장은 분대를 대표하고 분대원들을 위해 일한다. 분대원들이 잘하면 분대장 덕, 분대원들이 못하면 분대장 탓이 되어버리기 때문에 분대장에게는 큰 책임감이 뒤따른다. 분대장이 분대원들을 잘 챙기고 관리하는 것은 분대 이미지에 큰 영향을 미친다. 분대별로도 이미지나 분위기가 다른데 이 분위기를 크게 좌우하는 것이 바로 분대장이다. 그래서 분대장은 리더로서 분대원들이 쾌적하고 즐거운 군 생활을 할 수 있도록 분위기를 조성하고 챙겨주어야 한다.

 특히 분대의 대표로서 분대장은, 분대원들의 휴가나 애로 사항들을 지휘관이나 간부에게 건의할 때 적극적인 자세를 취해야 한다. 대부분의 병사가 무언가 건의할 때 직접 지휘관에게 찾아가지 않고 분대장을 통해서 건의한다. 그렇기 때문에 분대장에게는 분대원들에게 이득이 되는 쪽으로 지휘관을 잘 설득하고 건의하는 협상 능력도 필요하다.

 분대장은 갈등 해결 혹은 중재 능력도 가지고 있어야 한다. 내가 분대장을 할 때, 한 선임 때문에 나를 찾아 온 분대원 한 명이 있었다. 그래서 나는 그의 이야기를 듣고 해당 선임을 찾아가 대화를 통해 갈등을 풀어주었다. 군 생활을 하다 보면 분대원 사이에서 사소한 다툼이 일어날 수 있다. 이때 분대장은 병사들 사이의 갈등을 현명하게 해결해 주는 중재자 역할을 잘 해야 한다.

분대원들이 잘하면 분대 분위기가 좋아지고 분대가 좋아지면 칭찬받는 것은 결국 분대장이다. 분대원들이 못하면 분대가 욕먹고 결국 이 욕은 분대장에게 돌아오게 마련이다. 그렇기 때문에 분대장은 분대원들을 잘 챙기고 그들의 변호인이 되어 군 생활을 잘 할 수 있도록 이끌어주어야 한다.

488일째 날

오늘은 배수로 청소 작업을 했다. 비 온 후를 대비하기 위해 낙엽으로 막힌 배수로를 미리 뚫어두는 작업이다. 필요한 도구는 장갑과 삽이다. 중대장님께서는 이 작업을 하는데 스무 명이 필요하다고 했다. 그런데 아무도 자신이 하겠다고 선뜻 나서는 사람이 없었다. 결국 내가 하겠다고 했다. 어차피 누군가는 해야 하는 일인데 아무도 나가지 않는 것이 짜증나서 그냥 내가 한다고 했다. 그랬더니 내 분대에 있는 후임들도 전부 하겠다고 나섰다. 그 모습을 보고 나는 분대장이 먼저 모범을 보여야 분대원들도 따라온다는 것을 실감하게 되었다. 내가 분대장인 만큼 분대원들에게 모범을 보여 분대를 잘 이끌어나가야겠다고 생각했다.

분대장이 모범을 보여야 한다

 분대장이라면 분대를 대표해서 모범을 보여야 한다. 위 일기에 나온 일화를 통해 나는 분대장이 모범을 보여야 분대원들이 그에 맞추어 따라온다는 것을 알 수 있었다. 반면에 분대장이 모범을 보이지 않으면 분대원들도 분대장과 같은 행동을 하고 결국에는 분대장이 분대원들을 관리하기가 힘들어지게 된다.

 분대장은 분대원들이 쉽게 다가갈 수 있도록 편한 분위기를 조성해야 하지만 때에 따라서는 엄격해질 필요도 있다. 너무 분대원들을 풀어주면 분대원들이 분대장을 만만하게 생각해서 분대장이 지시해도 따르지 않고 무시하기 때문이다. 그렇기 때문에 편할 때는 편하게, 엄격할 때는 엄격하게 할 필요가 있다.

 모범의 기준은 크게 어렵지 않다. 자신이 누군가에게 시키는 일을 자신도 한다면 그것이 모범인 것이다. 더 나아가 분대원들보다 먼저 그 일을 한다면 훌륭한 모범을 보이고 있다고 할 수 있다. 자신은 안하면서 분대원들은 해야 한다며 일을 시키는 것은 모범적인 행동이 아니다. 하지만 자신이 솔선수범을 한다면 분명 분대원들도 발 벗고 나서서 같이 하는 모습을 볼 수 있을 것이다.

 흔히 리더가 먼저 모범을 보여야 그 조직이 잘 굴러간다고 한다. 리더가 태만하고 조직에 신경 쓰지 않는다면 그 조직은 잘 될

리 없다. 성공하는 조직은 리더가 모범을 보이는 조직이다. 훌륭한 분대가 되기 위해 분대장이 좋은 리더가 되어야 한다. 분대장이 할 일도 제대로 안하고 태만한 행동만 보인다면 분대원들도 그 분대장을 보고 닮아갈 것이다. 그러므로 말을 듣지 않고 사고만 치는 분대원이 많다고 생각된다면 분대장으로서 자신의 행동을 되돌아볼 필요가 있다.

나는 이를 깨닫고 분대장을 할 때 언제나 솔선수범하려고 노력했다. 항상 시간을 잘 지키고, 참석해야 하는 작업에는 꼭 참석하고 후임들이 청소할 때 청소도 도와주는 등 최대한 분대의 모범이 되려고 했다. 이렇게 내가 맡은 직책에 상응하는 모범을 보였기에 분대원들도 잘 따라와 주었고 우리 분대는 모범적인 분대가 될 수 있었다.

492일째 날

오늘은 내무검사가 계획된 날이었다. 오늘 당직 근무를 서시는 행보관님이 저녁 점호를 하면서 담당 구역 청소 상태를 확인하셨다. 나는 오늘 야근을 하고 와서 분대원들이 청소를 다 했겠거니 생각하고 편안한 마음으로 점호를 받았다. 우리 담당 구역은 헬스장이었는데 행보관님이 우리 분대를 불러 헬스장 청소 상태가 엉망이라고 말씀하셨다. 결국 내가 나가서 대표로 혼났고 우리 분대는 전원 집합해서 저녁에 헬스장 대청소를 해야 했다. 물론 분대원들이 청소를 빠지고 안 한 탓도 있지만 내가 관리를 소홀히 한 탓도 있었다고 생각했다. 앞으로 분대에 더 관심을 기울여야겠다.

자신과 분대원들의 행동에 책임을 지자

　군인이라면, 더 나아가 분대장이라면 자신과 부하들의 행동에 책임을 질 수 있어야 한다. 이 말은 부하들이 잘못해도 내가 혼날 각오를 하고 있어야 한다는 말이다. 분대장은 분대원들을 잘 관리해야 하고 관리가 소홀해서 분대원들이 혼났을 때 분대장은 그에 맞는 책임을 져야 한다. 그렇기 때문에 분대장은 명예롭고 휴가도 받는 좋은 직책이지만 분대 전체를 책임져야 하는 부담스런 직책이기도 하다. 분대장은 우선 자신의 행동을 올바로 해야 하며 분대원들이 잘 할 수 있도록 제대로 교육시킬 의무가 있다.

　분대장이라면 분대를 위해 희생해야 할 것이 많다. 희생에는 당연히 보상이 따르고 그 보상은 휴가일 것이다. 하지만 휴가는 부수적일 뿐이며 분대장을 하면서 얻을 수 있는 것은 리더십과 명예같이, 눈에 보이지 않는 것이 더 많다. 나는 사회에서도 조장 같은 직책을 맡아본 적이 없었기 때문에 리더십이 부족하다 생각했었다. 하지만 분대장을 한 번 하고 나니까 리더십은 물론 통찰력, 이해심 등 여러 중요한 자질을 배울 수 있었다. 그러므로 '군대에서 뭘 나서서 분대장을 하냐, 시키는 것만 하다 전역하면 되지'라는 마음보다 '그래, 분대장은 밖에서는 해 볼 수 없으니까 한 번 해서 리더십을 키워보자!'라는 마음을 가지고 도전한다면 분대장의 경험이 도움이 되는 날이 분명히 올 것이다.

" 오늘은 분대장 이·취임식 날이다. 내가 벌써 분대장이라니. 실감이 나지 않는다. 분대의 장. 명예로운 만큼 분대를 책임져야 한다는 책임감도 있다. 이제는 나만 잘해서 되는 것이 아니라 우리 분대원들도 잘 할 수 있게 관리해야 한다.

제 8장

계급장이 꽉 차다
- 병장

515일째 날

계급장이 꽉 찼다. 작대기 네 개. 아직도 실감이 나지 않는다. 벌써 내가 병장이라니!!! 분대장도 이미 후임에게 물려주었고, 슬슬 밖에 나갈 준비를 해야 할 계급이 아닌가 싶지만 앞을 보면 아직도 날짜가 많이 남아 있다. 100일 넘게 남았기 때문에 군 생활을 다 했다고 하기에는 좀 이른 것 같다. 그래도 병장이 되었다는 것 자체만으로 기분이 좋다. 군대에서 그 누구나 원하는 병장이 되었다. 과 간부님들은 축하한다고 격려해 주셨고 과장님께서는 군대에서 가장 높은 계급이 병장이라며 농담까지 섞어가며 축하해 주셨다. 기분은 좋았지만 병장이 되니까 한편으로는 생각도 많아졌다. 밖에 나가서 무엇을 해야 할지, 앞으로 나가기 전까지 무엇을 준비해야 할지 머릿속이 복잡해졌다. 전역 전, 충분히 생각해 보는 시간이 되었으면 좋겠고 아무 탈 없이 무사히 전역하면 좋겠다.

병장, 군 복무의 마지막 계급

병장. 대한민국 육군 계급 중 사람들이 가장 되고 싶어하는 계급이다. 이등병, 일병, 상병 때는 꽉 차지 않았던 계급장이 꽉 차는 시기이기도 하다. 이 글을 쓰면서 내가 처음 병장이 되었을 때가 생각난다. 그 기분은 정말 말로 표현할 수 없을 정도로 좋았다. '아 이제 얼마 안 남았다!'라는 생각이 들었지만 계산해 보니 병장이 되고 나서도 군 생활이 꽤 남아 있었다.

병장은 4호봉까지 있다. 병장을 달고 나서도 4개월 정도 더 군 생활을 해야 한다는 의미이다. 사실 병장에는 비공식적으로 두 가지 부류가 있다. 바로 일반 병장과 말년 병장이다. 일반 병장은 시기가 되어 진급한 1~3호봉 정도까지의 병장을 칭한다. 말년 병장은 전역이 얼마 남지 않은, 특히 말년 휴가를 나가기 위해 대기하고 있는 병장을 칭한다. 보통 병장을 실감하는 단계는 남은 군 생활의 날짜가 두 자릿수가 되었을 때이다. 이 시기가 되면 군 생활이 99일 남은 순간부터 하루하루 저절로 날짜를 세게 될 것이다. 99, 98, 97, 96…… 이런 식으로 말이다. 날짜가 저절로 계산되고 계산을 시작한 순간부터 말년 휴가까지의 시간은 더 느리게 간다고만 느껴질 것이다.

이렇게 좋을 것만 같은 병장 시절에는 위험한 면도 존재한다. 바로 긴장이 풀려 실수하기 쉽다는 점인데, 병장은 이때를 가장 조심해야 한다. 병장 때 조심하지 않으면 군 생활이 늘어나거나 휴가를 통제 당할 수도 있기 때문이다. 그렇기에 병장은 전역을 앞두고 누구나 부러워하는 계급이기도 하면서 한편으로는 위험한 계급이기도 하다. 이런 동전의 양면과 같은 병장 때 어떻게 행동해야 하는지 더 자세히 알아보도록 하겠다.

533일째 날

오늘은 안 좋은 소식의 연속이었다. 말년 휴가를 앞둔 우리 생활관의 형 한 명이 도서관에서 전자사전을 쓰다가 한 간부님에게 적발되었다. 별다른 기능이 없는 전자사전이었다면 괜찮았겠지만, 동영상 재생과 저장 기능이 있었기 때문에 이는 보안 위반에 해당된다고 한다. 물론 이 형은 공부하려고 가져온 것이었지만 적발되었기 때문에 징계는 피할 수 없다는 것이다. 이 형은 내일 말년 휴가를 나가기로 계획이 되어 있었는데 들은 바로는 휴가가 취소되고 징계위원회가 열리기 전까지 휴가를 나가지 못할 것이라고 한다. 생활관에 와서 풀이 죽어 이야기하는 그 형을 보면서 정말 안타까웠다.

더 안타까운 소식이 있다. 나와 15일 정도 차이 나는 옆 생활관 병장 한 명이 핸드폰을 가지고 있다가 들켰다. 몰래 핸드폰을 가져와서 아침에 핸드폰을 보다가 지나가는 당직 사관에게 적발된 모양이었다. 핸드폰 소지는 절대 그냥 넘어가지 않는다. 영창에 갈 것 같다고 한다. 이 친구가 제일 불쌍하다. 거의 말년이고 제대도 얼마 안 남았는데 영창에 가서 군 생활이 늘어난다니. 아까 잠깐 얼굴을 봤는데 세상을 잃은 표정이었다. 병장 때는 떨어지는 나뭇잎도 조심하라는 말이 생각났다. 나는 전역 날까지 정말 조심해야겠다.

떨어지는 나뭇잎도 조심하라

　군대에 관련된 사건 사고들을 검색하다 최근에 한 영상을 보았다. 제대를 하루 앞둔 말년 병장이 총기 손질이 귀찮아 총기를 세탁기에 넣고 돌렸다가 제 때 전역하지 못한 사건이었다. 제대를 하루 앞둔 말년 병장 외에도 사실 많은 말년 병장이 한 순간의 실수로 제 때 전역하지 못하는 불상사가 자주 일어나고 있다. 물론 나도 우리 부대에서 이런 상황을 여러 번 목격할 수 있었다. "병장은 떨어지는 나뭇잎도 조심해야 한다"라는 말이 있다. 좀 극단적이지만 나는 이 말에 전적으로 동의한다. 내 생활관에 있는 한 형은 말년 휴가를 제 때 나가지 못했고 옆 생활관 동기는 군 생활이 늘어났다. 이처럼 병장 때는 방심으로 많은 실수를 하게 된다.

　또한 군 생활을 하면서 병장 때 조심하지 못해 다치는 사람도 상당히 많이 봤다. 특히 병장 때 시간을 때우려고 운동을 많이 하게 되는데 이때 운동하다 다치는 사람이 많다. 운동을 할 때 자칫 방심하면 크게 다칠 수 있기 때문에 병장 때는 특히 더 조심해야 한다. 말년에는 되도록이면 이상한 것, 새로운 것을 시도하기보다 하던 대로만 하고 조용히 지내는 것이 제일 좋다. 말년이라고 안 하던 행동을 하다가 군인들이 제일 싫어하는 군 생활이 늘어나는 일이 생기지 않도록 더욱 더 조심해야 한다.

병장들이 영창에 가게 되어 군 생활이 늘어나는 주된 이유는 '핸드폰 소지'였다. 이등병, 일병, 상병 때는 선임의 눈치가 보여 쓰지 못하던 핸드폰을 규정 위반임에도 불구하고 병장 때는 슬슬 가져와서 몰래 사용하는 사람이 꽤 있었다. 핸드폰을 쓰는 사람들은 꼭 들키게 마련이다. 생활관마다 문에 창문이 있기 때문에 야간에 순찰 중 핸드폰 빛이 비치면 들킬 수밖에 없다. 이렇게 규정을 어기고 핸드폰을 쓰는 것은 말년에 긴장의 끈이 풀려서이다. '이제 곧 전역하니까 안 걸리겠지' 하는 마음에 사용하다 들키는 것이다. 내 주위에서도 이렇게 핸드폰을 쓰다 영창에 가고 늦게 전역한 사람을 흔하게 볼 수 있었다. 핸드폰 소지를 들킨다면 아무리 병장이라 해도 눈감아줄 수 없기 때문에 징계를 피할 수 없고 휴가가 없어지거나 영창에 갈 수도 있다.

　나는 고등학생 때 레슬링 선수였는데 레슬링은 6분 동안 하는 경기이다. 짧다고 생각할 수 있겠지만 1분만 움직여도 숨이 차고 힘이 든다. 레슬링에서는 마지막 1초까지 긴장의 끈을 풀지 않는 것이 정말 중요하다. 레슬링에서는 1점 차이로 경기를 이기고 있다가 10초를 남긴 상황에서 상대에게 2점을 실점하여 지는 경우가 흔하게 있다. 이처럼 마지막까지 최선을 다 하지 않고 방심하면 자신이 지금까지 열심히 쌓아 놓은 것이 모두 물거품이 되어 버린다. "익숙함에 속아 소중함을 잊지 말자"라는 말이 있다. 이 글을 읽는 말년 병장들이 군 생활의 익숙함에 속아 전역하는 날의 소중함을 잊지 않기 바란다.

589일째 날

나도 이제 슬슬 전역을 준비할 때가 되었다. 오늘 내가 하던 일을 인수할 내 부사수가 정해졌다. 내 사수가 전역하기 전에 나에게 가르쳐 주었던 것처럼 나도 군대를 떠나기 전 내 부사수에게 내가 배웠던 모든 일을 알려줄 때이다. 그래서 오늘은 내 부사수를 사무실로 데려가 간부님들께 인사시키고 기본적인 것들부터 알려줬다. 몇몇 사람은 대충 가르치라고 하기도 한다. 뭐 앞으로 볼 사람도 아닌데 그냥 대충 떠넘기고 가면 알아서 배우겠지 하는 사람들도 있다. 하지만 나는 다르게 생각한다. 내가 알고 있는 모든 일은 부사수에게 잘 전수해주고 가고 싶다. 내가 하던 일에 책임감을 느끼기 때문이다.

부사수를 잘 키우자

 군대에는 사수와 부사수라는 개념이 있다. 일반적인 의미의 사수란 총을 쏘는 사람이고 부사수란 옆에서 그를 엄호하는 사람이다. 그런데 군대에서 사수는 일을 가르쳐주는 사람을 의미하고 부사수는 사수가 하던 일을 배우는 사람을 의미한다. 사수가 전역할 때가 되면 부사수를 받아 부사수에게 자신의 일을 알려주고 전역하게 된다. 이처럼 전역을 할 때가 되었다면 부사수에게 자신이 하던 일을 완벽하게 인계하는 것이 정말 중요하다. 처음 군대에 왔을 때 부사수가 되어 사수에게 일을 배웠다면 이제는 반대로 사수가 되어 부사수에게 자신이 하던 일을 완벽하게 인계해주어야 할 때가 된 것이다.

 어떤 병사들은 어차피 전역하면 볼 사이가 아니라고 생각하여 부사수를 제대로 키우지 않는다. 이런 경우 사수가 전역한 후 부사수는 다시 시행착오들을 겪어가며 새로 일을 배워야 한다. 이렇게 되면 부사수에게도 안 좋을 뿐만 아니라 이는 부대에도 큰 손실이 된다. 그렇기 때문에 전역하기 전에 조금 귀찮더라도 부사수를 잘 키워두는 것이 모두를 위해 좋다.

 내가 전역할 때가 다가오니까 내 일을 인수할 부사수가 들어왔다. 내가 부사수 입장에서 사수에게 일을 배웠던 것이 엊그제 같은데 벌써 부사수를 받는다는 것이 실감이 나지 않았고 무엇부터 알려줘야 할지 걱정이 되었다. 이때 간부님들께서 해주신 말씀은 기본부터 천천히 알려주라는 것이었다. 나는 처음부터 이런 저런 정보를 최대한 많이 알려주려고 했다. 하지만 간부님들은 처음 오면 많은 정보를 기억하지 못한다고 차라리 하나하나 차근차근 배울 수 있도록 천천히 알려주라고 하셨다. 어려운 일은 나중에 천천히 알아가면 된다고 하셨다. 그래서 나는 내 부사수에게 군사 용어부터 외우라고 알려주었다. 주로 하는 일이 어학에 관련된 일이다 보니 군사 용어를 영어로 아는 것은 필수적이기 때문이다.

나의 경우 이렇게 필수적이고 기초적인 것부터 시작해 나중에 어려운 일들을 알려주었다. 그러므로 부사수를 받는다면 무엇부터 알려줄지 고민하지 말고 가장 기초적인 것부터 차근차근 알려주면 된다. 부사수도 자신의 일에 적응하는 시간이 분명 필요하기 때문에 여유를 가지고 천천히 일을 가르치는 것이 중요하다.

병사들은 전역하면 끝이지만 각각의 병사가 전역을 해도 군대는 계속 돌아가야 한다. 군대는 나라를 지키기 위해 존재하는 집단이라는 것을 명심하자. 전역을 한다고 해서 대한민국의 국민이 아니라는 말이 아니다. 군대가 잘 돌아가기 위해서는 이런 사수와 부사수의 관계가 정말 중요하다. 그러므로 전역할 날이 다가와 부사수를 받게 되었다면, 이 점을 명심하고 부사수에게 관심을 가지고 잘 키우도록 하자.

597일째 날

오늘도 저녁에 아버지와 통화를 했다. 아버지는 내가 군대에서 만나고 같이 일했던 사람들을 어디서 어떻게 다시 만날지 모르므로 마지막까지 풀어지지 말라고 당부하셨다. 그리고 첫인상이 중요한 만큼 마지막에 좋은 인상을 주는 것도 중요하다고 말씀하셨다. 나는 그 말씀에 대해 생각해보았다. 생각보다 세상은 좁다. 나도 이 부대에서 같은 학교, 같은 과, 같은 학번인 형도 만났고, 어느 행사에 가서 해병대에 복무 중인 같은 학교 동기를 만나기도 했다. 군 생활을 하면서 만났던 사람들을 사회에 나가서 분명 다시 볼 수도 있겠다는 생각이 들었다. 그래서 앞으로 얼마 남지 않은 군 생활 동안 흐트러진 모습을 보이지 않고 마지막까지 열심히 해야겠다고 생각했다. 혹시 모르지 않는가, 내가 사회에서 누굴 어떻게 다시 만나게 될지.

첫인상 만큼 마지막 인상도 중요하다

이등병 때 첫인상이 중요했다면 병장에게는 마지막 인상이 중요하다. "이제 갈 사람이고 떠나면 안 볼 사람인데 왜 마지막이 중요하냐"라고 의문을 가질 수 있다. 하지만 분명한 사실은 군대에서 만난 사람들을 어디서 다시 만날지 모른다는 것이다. 우리가 만난 간부들이, 우리가 같이 생활하던 동기들 혹은 선·후임들이 어떤 사람이 되고 어디서 다시 만나게 될지 모른다. 그렇기 때문에 이등병부터 상병 때까지 잘 했다면 병장 때도 좋은 이미지와 원만한 인간 관계를 유지해야 한다. 그래서 나는 병장이라 해서 풀어지고 군기 빠진 모습을 보일 수는 없어 병장이 되어서도 머리를 짧게 자르고 최대한 할 수 있는 것들은 다 하려고 노력했다.

물론 병장 때 열심히 하기가 쉽지 않은 것은 사실이다. 이 점은 나도 공감한다. 하지만 우리가 군 생활 초반에 선임들에게 잘 보이고 잘 하려고 얼마나 노력했는지 생각해보자. 적어도 나는 신병 때 흐트러진 모습을 보이지 않으려 했고 또 신병답게 행동하려고 했다. 병장 때, 마지막을 정리하면서도 그때를 생각하며 최대한 좋은 이미지를 남기도록 노력해보자. 시작이 좋아야 끝이 좋고 끝이 좋아야 또 다음에 있을 시작이 좋은 법이다. 전역하기 전에 마지막 인상을 좋게 남기고 떠날 수 있도록 하자.

599일째 날

오늘은 말년 휴가를 계획해보기로 마음먹었다. 즐거운 고민이었다. 우선 내게 남은 휴가를 다 세 보았다. 연가와 포상 휴가와 위로 휴가를 포함해 18일 정도가 남아 있었다. 내 전역일과 언제 나가고 싶은지를 달력에 표시했다. 그리고 행정반 계원에게 휴가를 쓰고 싶은 날을 보고했다. 이후 휴가를 나가서 무엇을 할지 계획을 세워보았다. 말년 휴가라지만 생각보다 간단했다. 부대를 나가 있는 날이 많아서 무엇을 할지 고민되었지만 이 또한 행복한 고민이었다. 결국 전역 전 3주에 걸쳐 휴가를 나가게 되었다. 세 번 정도 왔다 갔다 하지만 휴가는 말년을 보내기에 가장 좋은 방법이다. 이제 슬슬 간부님들게도 휴가를 나간다고 인사드려야 할 것 같다. 빨리 말년 휴가를 나가고 싶다.

말년 휴가를 계획하라

 병장이 되고 말년이 되면 슬슬 말년 휴가를 계획하게 된다. '말년 휴가' 혹은 '말출'이란 말년, 즉 전역을 앞두고 모아 놓은 휴가를 몰아서 나가는 것을 말한다. 이렇게 나가는 이유는 말년에 밖에서 편하게 보내기 위함인데 모든 말년 병장이 거의 이런 식으로 휴가를 나간다. 물론 나도 말년에 밖에서 편하게 보내기 위해 휴가를 좀 모아둔 편이었다.

 말년 휴가를 계획할 때 사실 많은 병장이 설레고 전역이 다가옴을 실감한다. 나도 전역을 한두 달 앞두고 이 계획을 짰는데 계획을 세우는 내내 밖에 나갈 생각에 기분이 좋아지곤 했다. 말년 휴가 계획을 세우는 데 필요한 것은 달력과 연필, A4 용지 그리고 지우개뿐이다. 방법은 간단하다. 우선 A4 용지에 자신이 가지고 있는 휴가, 받을 휴가 등을 적는다. 총 며칠을 나갈 수 있는지 파악한 후에 달력에 자신의 전역 날을 표시하고 휴가를 나가고 싶은 날에 자신이 가지고 있는 휴가들을 채워 넣으면 된다.

 말년 휴가에는 '찍턴'이라는 기술이 있는데 '찍고 턴(turn)한다'라는 의미이다. '찍턴'은 월요일에서 금요일까지 나갔다가 부대에 들어와 주말에는 부대에 있고 다시 다음 주 평일에 또 나가는 것을 반복하는 것을 말한다. 이렇게 하면 평일 일과를 뺄 수 있고 토요일, 일요일에 쉬고 월요일에 다시 밖에 나갈 수 있다.

휴가가 별로 없는 경우 이렇게 찍턴을 이용하는데 휴가가 많이 있다면 굳이 번거롭게 이렇게 하지 않고 길게 쭉 나가면 된다.

가끔 복학 시기가 애매해서 말년 휴가를 모아 휴가를 나와 학교를 다니다가 전역하는 사람들도 있다. 이 경우 해당 부대 지휘관에게 보고하면 정규 15일 제한 휴가에서 기간을 늘려 주기도 한다. 원래 육군 규정상 휴가는 한번에 15일밖에 사용할 수 없다. 그렇기 때문에 20일의 휴가가 있어도 15일을 먼저 쓰고 한 번 들어왔다가 다시 5일을 나가야 하는데 이렇게 되면 학교에 다니기 힘들어질 수 있기 때문에 그런 사람들을 위해 지휘관 재량에 따라 휴가를 길게 사용할 수 있게도 하니 복학을 염두에 두고 있다면 참고하기 바란다.

말년 휴가 계획짜기

1. 달력, 종이, 연필, 지우개, A4 용지를 준비한다.
2. 지금까지 나간 휴가를 파악하고 나갈 수 있는 휴가가 며칠이 남아 있는지 파악한다.
3. 달력에 우선 전역 날을 표시하고 나가고 싶은 날에 자신이 가진 휴가만큼 표시한다.
4. 행정반 계원에게 휴가를 보고한다.

612일째 날

뒤돌아보면 군 생활을 정말 열심히 했다는 생각이 드는 한편 전역을 하려니 마음 한 켠에 불안감이 있다. 이제 전역하면 스물네 살이 된다. 전역 후 앞으로 내가 무엇을 하게 될지도 모르겠고 어떤 직업을 가져야 할지, 어떤 사람을 만나게 될지 등 미래에 대한 생각이 많아졌다. 어쩌면 군대가 내 인생에 있어서 쉴 수 있는 마지막 시간이었는지도 모르겠다. 돌아보면 군대에서는 걱정이 없었다. 정해진 시간에 일하고, 밥 먹고, 운동하고, 책 보는 등 다른 생각하지 않고 시키는 것만 하면 되었기 때문에 몸은 힘들었지만 마음은 편했던 것 같다. 군대에서는 몸은 편하지 않았지만 마음은 편했고 사회에 나가서는 몸은 편하겠지만 마음은 불편할 것 같다는 생각이 든다. 이병, 일병 때는 빨리 병장이 되어서 나가고만 싶었는데, 막상 병장이 되니까 조금 더 있어도 좋을 것 같다는 생각까지 하게 된다. 전역하면 바로 사회로 나간다고 하는데 이를 듣고나니 미래에 대한 불안감이 커지기 시작했다.

군 생활을 뒤돌아보며 불안감을 떨쳐라

언제나 익숙한 것과 이별하는 것에는 아쉬움이 남는다. 정들었던 곳, 정들었던 사람들, 또 익숙해진 일상들을 두고 새롭게 시작하는 것은 설레기도 하지만 막연하고 막막하기도 하다. 전역하기 바로 전에 이런 생각이 들게 된다. 군 전역을 하고 새로운 삶을 시작한다는 기대감의 이면에는 앞으로의 인생, 취업, 결혼 등의 걱정이 있을 수 있다. 상병까지만 해도 빨리 병장이 되어 전역하고 싶었지만 말년 병장이 되고 나면 앞으로의 진로에 대해 고민하게 되고 아무것도 확정되지 않은 상태에서 군대를 나가는 것에 대한 불안감을 갖게 된다.

물론 나도 군대에 있을 때까지만 해도 아무 걱정이 없었다. 주어진 일만 하면 같은 시간에 먹고 자고 할 수 있었기 때문이다. 휴가를 나오면 군인이 나왔다고 주위에서 다들 배려해주고 밥도 사주는데 전역할 때쯤이 되니까 슬슬 인생에 대해 생각하며 불안해지기 시작했다. 입대할 때만 해도 군대에서 미래에 무엇을 할지 결정할 수 있을 것 같았는데 군대에서도 많은 생각은 했지만 아직 미래에 대한 뚜렷한 확신을 갖지는 못했다.

같은 또래의 친구들만 봐도 그렇다. 2학년을 마치고 군대에 가서 전역할 때쯤이 되니 동기 여학생들은 벌써 졸업한다며 취업 준비를 하고 있다. 나만 군대에서 많이 뒤처진 것 같고 앞으로도 전역하고 무엇을 해야 할지 모르고 있었다. 이와 같이 전역을 할 때쯤이면 기쁘지만 막연한 불안감을 가지고 있는 사람이 대부분일 것이다.

나는 이런 생각이 드는 사람들에게 군 선배로서 그동안의 군 생활을 돌아보라고 말해주고 싶다. 아침에 일찍 일어나야 했고 하기 싫은 일도 해야 했으며 선임들의 꼬장을 받아주며 간부들의 비위를 맞춰주어야 했고 하고 싶은 것도 못하며 밤에는 덥거나 추운 밖에서 근무를 섰으며 또 혹한기 훈련과 유격 훈련과 같은 힘든 훈련들을 하면서 2년 정도의 긴 시간을 보냈을 것이다. 살면서 이보다 더 힘든 시기 만날 수 있을까. 이를 버틴 것만으로도 그 사람은 대단한 사람이다. 그러므로 전역하는 모든 장병이 "군필"이라는 데 자부심을 가졌으면 한다. 군 생활은 누구나 할 수 있는 것이 아니며 이를 통해 배우는 것도, 얻어가는 것도 많았을 것이다.

실제로 미군들은 자신이 군대에 다녀왔다는 것에 큰 자부심을 가지고 있다. 또 미국에서는 군대에 다녀온 사람에 대해 주위 사람들이 좋은 시선을 보낸다. 그러므로 군대를 다녀온 것에 대해 자신감을 가지고 불안감을 떨쳐냈으면 좋겠다. 대부분이 20대 초반에, 드물게는 30대 초반에 전역을 한다. 사실 남자는 전역 이후부터가 진짜 인생의 시작이며 전역 후 시작해도 자신이 원하는 것은 무엇이든 달성할 수 있다. 그러므로 말년 병장은 미래에 대해 불안해하지 말고 군 생활을 뒤돌아보며 무엇이든 할 수 있다는 자신감을 갖기 바란다.

전역 D-15

오늘은 간부님들께서 나에게 마지막으로 진지하게 부사관을 지원해볼 생각이 없냐고 물으셨다. 내가 병장이 되고나서부터 간부님들께서는 종종 나에게 장기 부사관 지원을 하라고 말씀하셨다. 처음에는 농담인 줄 알았는데 두 달 동안 계속 이야기를 하시니까 진지하게 고민하라는 말씀으로 받아들여졌다. 과장님께서도 숙소도 나오고 월급도 100만 원 이상 나오는 전문 하사를 생각해보는 것이 어떻겠냐고 하셔서 더 고민이 되었다. 생각해보면 전문 하사도 나쁜 제도는 아니다. 군 생활을 더 오래 해야 하는 것 빼고는 안정적인 직장에 돈도 꼬박꼬박 나오고 의외로 좋은 직업이라는 생각이 들었다. 혼자 고민을 하다가 안 되겠다 싶어 부모님께 조언을 구했다. 부모님은 학교 복학 시기도 생각해야 하고, 밖에 나와서 준비해야 할 것도 많을 것이기 때문에 신중히 선택하라는 조언을 해주셨고 이에 나는 더 심각한 고민에 빠졌다.

전문 하사라는 새로운 길도 있다

 군대에서 다른 길을 찾아보고 싶은 사람들에게는 진지하게 전문 하사에 대해 생각해보라고 추천하고 싶다. 전문 하사는 군 복무를 더 해야 하는 대신에 상대적으로 높은 월급을 받는 간부이기 때문에 핸드폰도 사용할 수 있고 주말에도 자유롭다. 무엇보다 나라를 위해 일한다는 자부심을 가질 수 있다. 그리고 전문 하사는 짧게 6개월만 하고 전역할 수도 있다. 결국 나는 부모님의 조언과 오랜 생각 끝에 부사관에 지원하지 않았다. 하지만 학교 일정만 맞고 때가 맞았더라면 지원했을 것 같다.

 요즘 취업이 어려운 시대라고 한다. 나도 휴가를 나와서 취업 준비생인 사촌누나로부터 취업이 쉽지 않다는 말을 들었다. 그 말을 듣고 앞으로 내가 전역하고 만나게 될 사회는 만만치 않을 것임을 실감했다. 부사관은 공무원이다. 전문 하사를 하다 단기 하사도 지원할 수 있으며 물론 경쟁률은 상당히 높고 되기는 어렵지만 장기가 되면 그 이상까지 갈 수 있다. 이 과정이 물론 쉽지는 않겠지만 자신이 뚜렷하게 밖에 나가서 무엇을 해야 할 지 정해둔 것이 없으면 부사관의 길에 대해 열린 마음으로 생각해보기 바란다. 이 기회는 전역하면 다시 오지 않을 것이기 때문이다.

전역 D-4

생각해보면 군 생활을 하면서 고마운 사람이 정말 많았다. 이 사람들이 없었다면 내가 어떻게 군 생활을 이렇게 잘 할 수 있었을지 생각될 정도로 고마운 사람이 많다.

첫 번째로 내가 훈련소에 있을 때 편지를 써 준 사람들이다. 오늘 우연히 관물대를 정리하다가 군 생활 동안 받은 편지를 모아 놓은 통을 발견했다. 추억이 떠올라서 하나하나 다시 읽어보았다. 그 당시에는 정말 이 편지 한 통 한 통에 큰 힘을 받은 것 같다. 훈련소 때는 매일 밤 편지 받는 것이 기대되었고 편지를 써 준 사람들에게 정말 고마웠다.

두 번째로 내가 일했던 사무실의 간부님들이 있다. 내가 처음 이등병 계급장을 달고 사무실에 올라갔을 때가 생각난다. 그때 나를 반갑게 맞아주시고 내가 군 생활을 하는 동안 나를 잘 챙겨주신 공병부 간부님들께 정말 감사하다. 군 생활을 하면서 이 분들에게 배울 점이 너무나도 많았다. 청소부터 인성까지 아마 내가 군대에서 배운 모든 좋은 것은 이 분들의 영향이 크다고 생각한다. 군 생활 중간 중간에 밥도 많이 사주시고 마지막까지 내가 제대한다며 회식도 시켜주신 간부님들께 정말 감사드린다.

세 번째로 내가 봉사했던 군 교회의 집사님들이 계신다. 일요일 종교 활동 때마다 예배가 끝나고 항상 커피도 사주시고 맛있는 것들도 챙겨주시고 늘 격려해주신 이 분들 덕분에 일요일이 기다려졌고 한 주를 즐겁게 시작할 수 있었다.

네 번째로 내가 군 생활 중에 만났던 모든 사람에게 감사하다. 우선 같이 동고동락한 생활관 사람들에게 감사하다. 우리 생활관 사람들이 아니었다면 정말 내 군 생활은 지루했을 것이다. 우리 생활관에는 배울 점이 많은 사람이 정말 많았고 이들과 함께 생활한 것 자체만으로도 내가 성숙할 수 있었다. 또한 우리 분대 사람들에게 고맙다. 내가 이등병일 때, 나를 잘 챙겨주어 군 생활을 잘 할 수 있게 해준 선임들, 그리고 내가 분대장일 때 나를 잘 따라 무사히 직책을 마칠 수 있게 해준 후임들에게 감사하다. 이 친구들이 없었다면 내 군 생활은 아무 것도 남는 것이 없었을 것이다.

마지막으로 사랑하는 가족에게 가장 감사를 표하고 싶다. 사실 위 모든 것이 있다고 해도 가족이 없었다면 나는 이렇게 무사히 군 생활할 수 없었을 것 같다. 항상 나를 응원해주는 가족에게 감사하다.

군 생활을 함께해 준 사람들에게 감사를 표하자

　모든 것이 그렇겠지만 그 중에도 군 생활은 혼자 할 수 있는 것이 정말 아무것도 없다. 주위의 누군가의 도움을 항상 받아야 하며 주변의 격려와 위로를 받으면서 해 나가야 하는 것이 군 생활이다. 나는 군대에서 과분한 사랑을 받았다. 좋은 사람들을 만났고 좋은 습관들을 배웠고 좋은 영향들을 받았다. 군 생활 중 받은 편지들을 통해 위로를 받았고, 간부님들을 보면서 많은 것을 배웠으며, 집사님들과 만나 용기를 얻었고 군 생활 중에 만난 사람들을 통해 인성을 쌓았으며 가족을 통해 사랑을 느꼈다.

　주위에 이런 사람들이 없었다면 내 군 생활은 아무런 의미가 없었을 것이다. 아마 모든 사람의 군 생활도 이와 다르지 않을 것이라 생각된다. 다들 어디서 누군가의 도움을 받았을 것이며 군 생활 중 그들에게 배운 점도 많이 있을 것이다.

　우리는 보통 기쁘고 잘 되었을 때 축하해주는 사람보다 힘들고 어려울 때 위로해주는 사람을 더 기억하게 마련이다. 그래서인지 나도 내가 힘들고 어려운 군 생활을 하는 시기에 내 주위에 있던 사람들에게 정말 지금까지도 감사하다. 물론 여자친구가 군 복무 기간을 기다려주었다면 그에 대한 상당한 감사를 표해야 할 것이다. 하지만 나는 군대에 있는 동안 여자친구가 없었기 때문에 이런 감사를 표하고 싶지만 할 수가 없다.

군 생활을 얼마 남겨두지 않았다면 이렇게 지금의 내가 있게 만들어 준, 군 생활을 함께해 준 사람들에게 감사를 표해보는 것이 어떨까. 이들에게 감사를 표하고 군 생활을 마친다면 분명 이들과의 관계가 더욱 더 깊어질 수 있을 것이다.

전역 D-2

전역을 이틀 남겨두고, 말년 휴가를 나와 내 미래에 대해 진지하게 고민해보았다. 친구들을 만나보니 친구들은 이미 학교에 다니고 있고 복학생이 되어 학교 적응을 힘들어 하고 있는 것 같았다. 아직 미래에 대한 확고한 계획이 없는 나는 전역을 앞두고 아직도 고민이 많다. 이제 복학을 하면 3학년이니 미래에 무엇을 할지 계획을 세우고 있어야 하는데 아직 무엇을 할지도 모르겠고 어떻게 해야 할지도 모르겠다.

그래서 오늘은 전역하고 구체적으로 무엇을 해야 할지에 대한 계획을 세워보았다. 복학 전까지 4개월 정도의 시간이 남기 때문에 그 시간을 낭비할 수는 없다고 생각했다. 단기적인 계획이라도 도움은 될 것 같았다. 그 와중에 학교 홈페이지를 뒤적거리다가 우연히 교환 학생 프로그램이란 것을 접하게 되었다. 교환 학생으로 외국에 가보는 것도 괜찮겠다는 생각에 필요한 것들을 알아보았다. 알아보니 토플 점수가 필요했다. 나는 토플은 한 번도 공부해 본 적이 없기에 전역하고 토플을 공부해보고자 전역을 이틀 앞두고 학원을 알아보았다. 전역 다음날이 학원 개강이라 하여 학원에 등록하고 전역 바로 다음날부터 학원에 다니기로 했다.

전역 후의 미래를 고민하자

 병장이 되었으면 전역 후 사회에 나와서 무엇을 해야 할지 진지하게 고민해 보아야 한다. 어떤 사람들은 군대에서 자신의 진로만 명확하게 해서 나와도 성공한 군 생활이라고 한다. 그러므로 자신의 진로가 명확하지 않다면 군 생활을 마무리하면서 자신의 전역 후 진로에 대한 진지한 고민을 하는 시간을 가져야 한다.

 대부분의 전역자는 20대 초반 혹은 중반일 것이다. 전역하면 큰 산을 하나 넘게 되는 것인데 사회에 나가면 더 높고 더 많은 산이 기다리고 있다. 이들을 넘기 위한 계획을 세우고 전역하고 나서부터는 열심히 달려야 한다. 군대에서 이 책대로 목표를 세워 열심히 군 생활을 했다면 사회에 나와서도 같은 식으로 하면 된다. 병장이 되었는데 군대에서 뭘 했는지 기억이 나지 않고 머리만 나빠진 것 같다고 느낀다면 그래도 괜찮다. 전역 후가 진짜 인생의 시작이기 때문이다. 이제부터 미래의 계획을 세워 시작해도 절대 늦지 않을 것이다.

 흔히 전역한 사람들은 군대에 있을 때가 가장 좋았던 시절이라고 한다. 몸은 힘들지만 군대에 있을 때만큼 걱정이 없는 때가 없었다고 한다. 전역을 한 지 얼마 되지 않은 나도 이를 뼈저리게 느끼고 있다. 군대는 사회와 다르다. 사회는 성과를 못 내고 일을 제대로 하지 못하면 낙오된다. 하지만 군대는 병사들을 버리지 않는다. 군대에서는 병사들이 적응하지 못하면 상담해주고 그 사람에게 맞는 일을 찾아준다. 그렇기 때문에 우리는 군대에서 비록 몸은 힘들었지만 마음은 편할 수 있었던 것이다. 이제 전역하면 냉정한 사회가 우리 앞에 기다리고 있다. 사회는 군대처럼 우리를 기다려주지 않는다. 그렇기 때문에 군대를 나오기 전에 앞으로 무엇을 할지 크고 작은 목표들을 세워보자. 다시 한 번 말하지만 전역 후가 진짜 인생의 시작이다. 지금부터 해서 못할 일은 없다. 자신감을 갖고 목표를 세워 다시 한 번 시작해보자. 목표를 세워 열심히 노력한다면 분명 그 목표를 이룰 수 있을 것이다.

전역 전 체크리스트

입대 전 체크리스트가 있었던 것처럼 전역 전에도 체크리스트가 필요하다. 아래 항목들을 잘 읽어보고 해당되는 것이 있는지 잘 생각해보자.

1. 같이 일하던 간부들께 인사는 드렸는가?

20개월이 넘는 기간 같이 생활한 간부들께 인사를 하는 것은 무엇보다 중요하다. 같이 일 하면서 화나는 일도 있었을 것이고 서운했던 일도 있었을 것이며 즐거웠던 일들도 있었을 것이다.

이런 저런 일들을 같이 하며 분명 정도 들었을 것이다. 나는 그래서 내 소속 간부들께 무엇을 해드릴까 하다 편지를 한 통씩 써드렸다. 지금까지 나를 잘 봐주셔서 감사했다고, 그리고 앞으로도 건강하시라고 마음을 담아 편지를 썼다. 첫인상도 중요하지만 마지막 인상도 중요하다. 이 분들을 나중에 어디서 다시 만날지 모르는 것이기 때문에 꼭 마지막에 인사를 드리며 좋은 인상을 주고 떠나도록 하자.

2. 사회에서 가져온 짐은 처리했는가?

자대에서 생활하다 보면 사회에서 사용하는 개인 물품들을 부대로 가지고 왔을 것이다. 떠나기 전에 이러한 것들을 정리하는 시간을 가져야 한다. 자신의 관물대에 남아 있는 자신의 책, 운동기구, 기타, 개인 물품 등을 휴가 나갈 때마다 몇 개씩 가지고 가든지 아니면 모아서 소포로 보내든지 해야 할 것이다.

3. 자신이 가지고 있는 군용 물품들은 후임에게 물려주었는가?

군대에서 생활하다 보면 물려받은 군용 물품들도 있을 것이고 자신이 PX에서 산 방한용품, 걸그룹 포스터 등 군대에서만 사용되고 사회에서는 사용하지 않을 물건들이 있을 것이다. 이러한 것들은 전역 전에 후임, 혹은 분대에 물려주도록 하자.

4. 전역 후 계획은 세웠는가?

전역 후의 인생을 생각하는 것은 사실 무엇보다 중요하다. 남자의 인생에 있어 터닝 포인트(전환점)라고 표현할 수 있는 것이 바로 전역이다. 그렇기 때문에 전역 후가 매우 중요한데 앞으로 내가 전역을 하고 무엇을 할지, 무엇을 할 수 있을지를 잘 파악하고 전역 후 시간을 낭비하지 않고 잘 활용할 수 있도록 목표와 계획을 세우도록 하자.

전역 D-Day

드디어……! 기다리고 기다리던 내 전역 날이다. 정말 오늘만을 손꼽아 기다려왔다. 전날 밤에 동기들과 추억을 이야기하느라 늦게 잠자리에 들었다. 하지만 오늘 아침만은 눈이 일찌감치 번쩍 떠졌다. 늦게 잤는데도 불구하고 전혀 피곤하지 않았다. 내가 전역을 한다니……. 아직 전혀 실감이 나지 않았다.

우선 아침에 샤워를 하고, 마지막으로 우리 생활관을 정리하고 간부님들께 인사를 드리러 사무실로 올라갔다. 사무실에서 간부님들은 내가 오늘 전역하는 것을 알고 박수를 쳐주셨다. 그리고 한 분 한 분 악수와 함께 덕담을 해주고 축하해주셨다. 막사로 돌아와 단장님께 인사를 드리고, 선물을 받고난 후 정말 나갈 준비를 했다. 마지막으로 생활관에 들어가 짐을 챙기고 중대장님께 가서 전역 신고를 한 후 같이 전역하는 동기들과 그리고 정든 분대원들과 함께 위병소로 나갔다. 분대원들은 나를 위병소까지 배웅해주었다.

밖에 나와 사진을 찍고 인사를 하고 버스에 타니까 "이제 진짜 전역했구나"하는 실감이 났다. 정들었던 부대를 등지고 가려니 싱숭생숭한 마음이 들었다. 2년 가까이 내가 생활하던 곳을 떠나려 하니 마음 한 켠에는 벌써 그리움이 생겼다. 익숙해진 것을 떠나는 것은 언제나 쉽지 않은 것 같다. 열심히 하려고 했던 군 생활이었고 추억이 많은 군 생활이었다. 나의 청춘의 1/5을 바친 군 생활인 만큼 군대는 나를 정신적으로 더 성숙시켜준 것 같다. 이제 나도 '군필자'이다. 그토록 바라왔던 전역. 아직도 오늘이 꿈만 같다.

전역

 불변의 사실이 있다. 입대를 했으면 전역을 하게 된다는 것이다. 계급을 불문하고 군 장병 모두가 꿈꾸는 전역. 물론 꿈만 같다. 훈련소에 입소했을 때는 600일 넘는 시간이 언제 다 갈지 막막했었는데 막상 전역을 하게 되면 시간이 정말 빨리 지나갔다고 느껴진다. 나는 가끔 이런 행동을 한다. 거울을 보면서 눈을 감고 미래의 내가 되고 싶은 모습을 생각하고 눈을 뜬다. 군 입대 전에도 같은 행동을 했다. 마음속으로 전역하는 내 모습을 상상했다. 그리고 눈을 뜨니 전역 날이 되어 있었다. 시간은 멈추지 않는다. 또 시간은 모두에게 공평하다. 아무리 힘든 일을 해도 시간은 가고, 아무리 쉬운 일을 해도 시간은 같은 속도로 흘러간다. 많은 병사가 군 생활을 하면서 "나는 언제 전역하지"라고 힘들어할 것이다. 나를 포함한 지금까지 전역한 모든 사람이 같은 생각을 해왔다. 전역 날은 내가 오지 말라고 해도 온다. 영원히 군대에 있고 싶어도 있을 수 없다.
 지금 생각해보면 군대에 있을 때가 내 인생에서 가장 편한 시절이었던 것 같다. 힘든 일도 있었고 짜증나는 일들도 있었지만 시키는 일만 하면 됐고 같은 시간에 먹고, 자고, 운동하는 등 몸은 힘들지만 마음은 편한 시절이었다. 물론 재입대를 하라고 한다면 절대 하지 않을 것이다. 하지만 나중에 뒤돌아보았을 때 아마 군대에서의 시절이 가장 멋진 추억으로 남을 것 같다.

  개인적으로 군 생활을 정말 열심히 했다고 생각하지만, 가끔은 시간을 되돌릴 수 있다면, 군대에서 좀 더 열심히 할 것이라는 생각도 든다. 그때 약간의 편안함을 추구하기 위해 요령을 피운 적도 있었는데 어차피 지나갈 일, 좀 더 열심히 할 걸 하는 생각이다. 그러므로 이 글을 읽고 있는 장병들에게 군 선배로서 지금 주어진 일에 최선을 다 하라는 말을 해 주고 싶다. 지나간 시간은 돌아오지 않는다. 군 생활이 어떠했든지 간에 분명 군 생활은 지나고 나면 추억으로 남을 것이다. 좋은 추억으로 남을지, 안 좋은 추억으로 남을지는 군 생활을 어떻게 하느냐에 달려 있다. 무엇보다 전역하는 날까지 다치지 않고 건강하게 생활하기 바란다.

❝ 계급장이 꽉 찼다. 작대기 네 개. 아직도 실감이 나지 않는다. 벌써 내가 병장이라니!!! 분대장도 이미 후임에게 물려주었고, 슬슬 밖에 나갈 준비를 해야 할 계급이 아닌가 싶지만 앞을 보면 아직도 날짜가 많이 남아 있다.

에필로그
- 군대가 SPEC이다 -

근 3년 간 한국 사회에서 흔하게 들을 수 있었던 단어가 바로 '스펙(SPEC)'이란 단어이다. 스펙(SPEC)은 사전에 의하면 "직장을 구하는 사람들 사이에서 학력, 학점, 토익 점수 따위를 합한 것을 이르는 말"이다. 결국 취업을 위해서 필요한 것인데 대한민국에서 스펙은 떼려야 뗄 수 없는 중요한 요소가 되어버렸다. 한국 사회에서 현재 20대는 스펙을 쌓으려고 돈을 써 가며 학원에 다니고 자격증을 따고 있다. 이런 중요한 시기인 20대에, 스펙을 따기에도 모자란 시기에 군대에 다녀오는 것이 과연 도움이 될까? 나는 군대에 다녀오는 것이 당연히 도움이 될 것이라 생각한다. 군대에서는 취업에 필요한 스펙도 쌓을 수 있지만 더 나아가 인생에 필요한 스펙을 쌓을 수 있다. 군대에서는 아래의 인생에서 꼭 필요한 스펙(SPEC)들을 쌓을 수 있다.

Special(특별함)
Personality(인격)
Expertise(전문성)
Companionship(전우애)

Special(특별함)

세계 196개의 나라 중에 70여 개 정도의 나라가 징병제, 즉 의무 복무 제도를 실시하고 있다고 한다. 즉 35% 정도가 징병 제도를 채택하고 있다는 말인데 이처럼 세계적으로 보았을 때 군대에 가는 것은 결코 흔한 일이 아니다. 그러므로 군대를 경험한다는 것 자체가 국제 사회에서 남들이 못해본 진귀한 경험이 될 수 있다. 이는 세계에서 자신을 드러낼 수 있는 특별한 무언가가 될 수 있다. 세계에서 총을 쏴 본 사람이 몇이나 될까? 행군을 해본 사람은? 야외에서 텐트에서 자면서 추위에 떨며 핫팩을 침낭에 넣고 잔 경험이 있는 사람은? 아마 징병제 국가에서는 흔한 일이겠지만 전 세계적으로 보면 그런 경험의 소유자는 결코 많지 않을 것이다. 이런 특수한 경험만으로도 대한민국 남성은 정말 특별한(Special) 경험을 했다고 할 수 있다.

Special이란 단어의 뜻은 '특수한, 특별한'이라는 뜻으로 해석된다. 현대 사회는 특별한, 남들과는 차별되는 인재상을 요구한다. 요즘 시대에 남들과 다르다는 것은 큰 장점으로 작용한다. 획일화된 사회에서 남들과 차별되면 당연히 눈에 띄게 마련이다.

물론 한국에서는 군대에 다녀오는 것이 의무이며 남성이라면 누구나 다녀오기 때문에 큰 차별화가 될 수 없을 것이다. 하지만 징집 제도가 없는 나라들, 대표적으로 미국에서는 군대 경험이 있다는 것은 큰 차별성을 가진 것이며 특별한 경험을 한 사람이 되는 것이다.

나 또한 군대에서 정말 특별한 경험을 많이 할 수 있었다. 자대에 배치 받은 후 아무나 볼 수 없다는 4성 장군인 사령관님을 뵙고 경례할 수 있었고, 세 번의 한미 연합 훈련을 하면서 많은 미군을 만나고 이들과 대화하며 통역을 도와주었다. 또 미군 바비큐 파티에도 참석해서 미군 문화를 배울 수 있었다. 이는 군대에 오지 않고서는 절대로 경험할 수 없는 진귀한 경험들이었다.

많은 사람이 견문을 넓히고 시야를 넓히며 많은 경험을 하기 위해 해외로 여행을 가곤 한다. 이런 면에서는 군대도 같은 역할을 한다. 진귀한 경험들 중에는 견디기 힘든 일들도 있겠지만 이 모든 것이 지나고 나면 추억이 되고 경력이 될 것이다. 이처럼 군 생활을 통해 각 장병들은 한 단계 성장하는 계기를 맞이할 수 있다. 더 나아가 이런 특별한 경험들을 하나하나 쌓아가면서 더 특별한(Special) 사람이 될 수 있을 것이다.

이처럼 군대를 경험한다는 것은 힘든 점도 분명 있겠지만 어떻게 보면 행운이라고 할 수도 있겠다. 그렇기 때문에 우리는 군대를 통해 남들보다 특별한(Special) 사람이 될 수 있는 것이다. 많은 사람이 남자는 군대에 갔다 오면 더 늠름해지고 멋있어진다고 한다. 또 군대에 다녀온 사람들에게만 느껴지는 분위기라는 것이 있다고 한다. 이처럼 군대에서의 21개월을 멋지게 보내고 나오면 군대에서의 특별한 경험들로 인해 더 특별한 사람이 될 수 있을 것이다.

Personality(인격)

군대에는 여러 지역에서 온 가지각색의 사람이 있다. 서울, 부산, 대전, 대구, 제주도 심지어는 미국 등 다른 나라에서 건장한 대한민국 국적의 남성들이 군 복무를 하기 위해 군대로 모인다. 이렇게 각 지역의 사람들이 모여 같이 어울려 사는 곳이 군대이다. 살아온 배경이 다른 만큼 개개인의 성격도 다르게 마련이다. 아무리 건의해도 조치해주지 않는 간부, 이유 없이 이것저것 트집 잡는 선임, 시도 때도 없이 거짓말을 하는 동기, 몇 번을 말해도 고치지 않는 고집불통 후임 등 여러 종류의 사람을 군대에서 만날 수 있다. 이렇게 군대에서는, 사회에서는 자주 볼 수 없었던 사람들과의 만남을 통해 어떤 상황에서 어떻게 대처해야 하는지 배울 수 있으며 또 이는 인격 함양에 도움이 된다.

Personality는 인격을 의미하는데 '인간에게서 비교적 일관되게 나타나는 성격 및 경향'을 뜻한다. 쉽게 말하면 인격은 사람의 성격과 비슷한 말인데 좋은 성격을 가진 사람의 주위에 좋은 사람이 있듯이 좋은 인격을 갖춘 사람에게도 좋은 사람이 모이게 마련이다. 군대에서 생활하는 것만으로도 좋은 인격을 형성할 수 있다. 우리는 대부분 어렵고 힘든 시간들을 통해 인격을 형성한다. 남들이 쉴 때 공부하고, 하기 싫을 때 어렵고 힘들지만 더 열심히 공부하면 성적이 오르는 것처럼 인격 형성에도 이런 인내의 시간이 필요하다. 그러므로 군대에서의 어렵고 힘든 시간들을 통해 병사들은 좋은 인성과 인격을 형성하고 이를 가지고 사회에 나갈 수 있게 된다.

개인적으로 나도 열 명이 동기 생활관에서 생활하면서 좋은 인격을 형성할 수 있었다. 내가 생활하던 우리 생활관의 열 명은 각자 다른 개성을 가지고 있었다. 지역도 달랐고 관심 분야, 하는 일, 살아온 배경, 환경 등도 너무나 달랐다. 그랬기 때문에 생활관에서 사소한 일들로 이런 저런 다툼이 있었고 이때마다 밤 늦게까지 대화를 하며 풀어나가곤 했다. 이러한 과정들을 겪으면서 나는 나와 전혀 다른 관점과 생각을 가진 사람이 많다는 것을 알게 되었고 내가 다 옳지는 않다는 것도 배울 수 있었다. 내가 생각하기에는 말도 안 되는 것들이 남이 생각할 때는 말이 될 수 있었고 나와 다른 사람이 다름을 이해할 수 있게 되었다. 그리고 그런 과정들이 내 인격을 형성하는 데 큰 도움이 되었다.

또 나는 군 생활을 하면서 계급 사회에 대해 이해할 수 있게 되었다. 군대에 와서, 선임에게 나보다 몇 달, 심지어는 몇 주 빨리 입대했다는 이유로 경례를 해야 했고 말 끝에 '다, 나, 까'를 붙여야 했다. 심지어 나보다 나이가 어린 선임에게도 깍듯하게 대해야 했다. 하지만 군 생활을 하면서 계급 사회에서 중요한 것은 나이가 아니라 계급이란 것을 알 수 있었고 이런 깨달음을 통해 나의 인격이 점점 형성되었다는 것을 전역하고 나서야 느낄 수 있었다.

 마지막으로 나의 인격을, 그리고 아마 많은 병사의 인격을 형성시켜 주었을 경계 근무에 대해 이야기해보려 한다. 경계 근무에서의 가장 최대의 적은 날씨이다. 우리나라는 사계절이 뚜렷한 나라이기 때문에 극심한 더위와 극심한 추위로 인해 전국 각지의 많은 근무자가 고통을 받는다. 나도 여름에는 땀이 많이 나서 땀 냄새를 맡고 몰려온 모기들에 시달렸고 근무가 끝나고 생활관에 들어와서도 가려워 잠을 설친 경우도 있었다. 한겨울에는 극심한 추위로 인해 여러 겹 껴입고 밖에 나가도 여전히 추위에 떨었고 양말을 겹겹이 신었는데도 발이 시려 정말 인내심의 한계까지 이른 적도 있었다. 하지만 이런 힘든 과정들을 통해서 인내심과 끈기를 배울 수 있었으며 이는 정신력으로 이어져 결과적으로 나의 인격을 형성하는 데 큰 기여를 했다.

 요즘 기업에서는 채용 시 인성검사와 적성검사를 실시한다고 한다. 그만큼 요즘 시대에는 인성을 중요한 요소 중 하나로 여긴다. 군대에서는 수많은 색다른 경험과 인내를 통해 인성 혹은 인격(Personality)을 형성할 수 있다. 이렇게 군대에서 인격을 쌓고 사회에 나간다면, 분명 사람들이 필요로 하는 사람이 될 수 있을 것이다.

Expertise(전문성)

'1만 시간의 법칙'에 대해 들어보았을 것이다. 어떤 분야의 전문가가 되려면 최소한 1만 시간 정도의 훈련이 필요하다는 법칙이다. 1만 시간은 하루에 세 시간씩 훈련할 경우 10년, 하루 열 시간씩 훈련할 경우 3년의 시간이다. 군인들은 군대에서 21개월을 복무하게 된다. 이는 630일 정도에 해당하는데 군대에 24시간 있으니 24시간 * 630일을 계산하면 1만 시간이 훨씬 넘는 15,120시간이 된다. 이에 의하면 군대에 있는 것만으로도 우리는 '군대 전문가'가 될 수 있다. 이렇게 군대에 대한 책을 쓰고 있는 나를 보면 이는 과장은 아니란 것을 알 수 있을 것이다. 사실 이 책은 나뿐만 아니라 군대에 다녀온 누구였어도 쓸 수 있었을 것이다. 군대에서 경험한 일들만 적어도 책 한 권은 족히 나올 수 있기 때문이다. 또한 군대에서는 매일 자신에게 주어진 일과를 하며 전문성을 키울 수 있다.

Expertise, 전문성이라는 뜻이다. 전문성이란 "어떤 영역에서 보통 사람이 흔히 할 수 있는 수준 이상의 수행 능력을 보이는 것"이다. 취업이 어렵고 인재가 드문 사회에서 어떤 분야에 전문성을 가지는 것은 굉장히 중요하다. 전문성을 갖춘 인재는 누구나 원하고 누구나 데려가고 싶어한다. 군대는 이 전문성을 갖추기 위한 첫 단계가 될 수 있다.

군대에서는 개개인에게 특기가 부여된다. 나의 특기는 어학이었고 군대에서는 개개인마다 운전, 군악, 통신, 행정 등 수많은 특기 중 하나를 부여받게 된다. 이 일들을 군대에서 하다 보면 그 일에 대한 전문성을 자연스럽게 갖출 수 있고 자신이 생각지도 못했던 부분에서 재능을 발견할 수도 있다. 군 생활을 하면서 나는 통역과 번역에 전문성을 갖출 수 있었다. 처음에는 번역도 하나하나 단어를 찾아봐야 했고 자연스러운 문장을 만들기도 힘들었으며 미군이 오면 동시에 통역해주는 것도 떨려서 잘 하지 못했다. 하지만 군대에서 열심히 공부하고 꾸준히 연습한 결과 이후에는 번역도 사전 없이 바로 할 수 있게 되고 통역도 떨지 않고 할 수 있는 수준까지 되었다. 이처럼 군대에서는 자신의 특기에 전문가(Expert)가 될 수 있다. 운전병이라면 운전에, 통신병이라면 통신에, 행정병이라면 컴퓨터에 전문가가 되어 제대할 수 있다. 군대에는 병과 학교가 있어 이에 대한 교육도 받을 수 있으니 전문성을 키우기에는 군대만큼 좋은 곳이 없다.

이처럼 자신의 특기 한 가지를 군 생활동안 꾸준히 하게 되면 없던 전문성(Expertise)도 생길 수밖에 없다. 나도 이렇게 군대에서 배운 전문성 덕분에 영어(통역, 번역), 컴퓨터, 군대에 대한 전문가가 될 수 있었고 이는 나의 제대 후 인생에 꼭 필요한 전문지식이 될 것이다. 전문성을 요구하는 시대에 사는 여러분은 군대에서 꼭 전문성을 갖추고 나가기 바란다. 또 전문성을 키우기 위해 대충하는 습관은 버리고 사소한 일에도 최선을 다하는 습관을 길러야 한다. 자신이 한 분야에 전문성을 갖추었을 때 자신이 원하는 것을 할 수 있는 기회가 찾아올 것이다.

Companionship(전우애)

내가 전역하기 전, 우리 과 간부님들께서는 나를 위해 회식을 베풀어주셨다. 또 병사 한 명 제대하는 게 뭐라고 전역하는 날 사무실에서까지 축하해주셨다. 이때 한 분께서 이런 말씀을 하셨는데 참 마음에 와 닿았다.

"군인들이 사실 정이 참 많아. 나가서도 연락해라"

이 분들은 군 생활을 20년 넘게 하신 분들이었고 수많은 병사를 봐왔을 텐데 이렇게 말씀해주셔서 나는 감동을 받았다. 한 번은 사무실에 예비역 한 분이 찾아오셨는데 전역하신 군인임에도 불구하고 간부님들이 일어나서 경례를 하고 깍듯하게 모시는 것을 보고 실제로 군인들 사이에 전우애가 정말 끈끈하다는 것을 느꼈다.

Companionship, 동료애 혹은 전우애는 사전에 의하면 '동료를 아끼고 사랑하는 마음'이라고 한다. 군대에서는 이 전우애가 정말 중요하다. 전우애 없이는 올바른 군이 만들어질 수 없고 전우애 덕분에 더 끈기 있고 유대감 있는 강한 군이 만들어질 수 있는 것이다. 나는 전역을 며칠 앞두고 훈련소 동기들과 약속을 잡아 만날 수 있었다. 5주 간의 훈련 기간에는 같이 있었지만 수료 후 각자 자대를 배치 받고 떨어져 SNS만으로 연락을 주고받았는데 전역하기 전에 한 번 모이고 전역 후에 또 모이기로 했었다. 훈련소 동기들은 오랜만에 봤는데도 마치 엄청 오래된 친구를 만난 것 같이 편했으며 말도 잘 통했다. 아마 훈련소에서 힘든 훈련들을 같이 받아가며 키워온 전우애 덕분이 아닌가 싶다. 이처럼 군대에서 기를 수 있는 전우애는 사람과 사람 간의 관계를 끈끈하게 해준다.

또한, 나는 군대에서 좋은 사람을 많이 만날 수 있었다. 미국 명문대에 다니는 선임, 한국에서 이름만 들어도 알 수 있는 대학에 다니는 선·후임들, 계급이 높은 군 간부들, 친절한 교회 집사님들, 모르는 것이 있으면 착하고 친절하게 무엇이든 도와주는 동기 등 수많은 사람을 만날 수 있었고 좋은 관계를 맺을 수 있었다. 내가 군대에 있을 때 아버지께서 항상 해주시던 말씀이 생각난다.

"네가 군대에서 만난 사람들을 나중에 언제 어디서 다시 만나게 될지 모르니 좋은 관계를 쌓아 두어라."

나는 이 말을 명심하고 군 생활을 해 왔다. 이처럼 군대에서 만나는 한 사람 한 사람이 전우애를 통해 좋은 인맥이 될 수 있다.

많은 사람은 인간 관계에서 어려움을 겪는다. 의견의 차이, 배경의 차이, 생각의 차이 등에서 생기는 사람과 사람 간의 다툼으로 상처를 많이 받는다. 이런 가운데 군대에서는 같은 경험을 하고 같이 울고 웃은 전우들을 만날 수 있고 이들과 깊은 관계를 맺을 수 있다. 군 생활을 같이 한 사람들과 만나면 다른 사람들보다 할 이야기도 많고 편하고 친근하다. 혹한기 훈련 중 한 소대장이 한 말이 생각난다.

"군대가 좋은 점은 군대는 사람을 버리지 않는다는 것이야."

사회에서는 실적이 없으면 낙오되지만 군대는 아무리 못하고 쓸모없어 보이는 사람이라 할지라도 한 명의 낙오자 없이 끌고 간다. 이런 점이 끈끈한 전우애의 바탕이 되며 21세기를 살아가는 우리가 가져야 할 인간 관계에서의 덕목이 아닐까 싶다. 우리는 군대에서 이런 전우애를 배울 수 있고 미래에 필요한 인맥까지 갖출 수 있다. 사회에서 인간 관계의 어려움에 걱정하고 입대했다면 군대에서 전우애(Companionship)를 배우며 새로운 인간 관계를 기대하자.

이젠 SPEC을 군대에서 찾자

이처럼 군대에서는 사회에서는 배울 수 없는 SPEC을 얻을 수 있다. 스펙에 목매는 요즘 시대에 군대에 가는 것만으로 특별함, 인격, 전문성, 전우애라는 스펙을 갖출 수 있으니 군대에 가는 것은 미래를 위한 투자가 될 수 있을 것이다. 만약 군대에 다녀와 취업을 걱정하며 준비하고 있는데 자신은 가진 스펙이 없다고 생각한다면, 앞에서 말한 것들에 대해 다시 한 번 생각해 보기 바란다. 이는 사실 기업에서 실질적으로 요구하는 스펙이 아닐 수 있다. 하지만 인생을 살아가는 데 꼭 필요한 스펙임은 분명하다. 그러므로 자신의 군 생활을 되돌아보며 자신감을 얻기 바란다.

더 생각하면 군대를 통해 얻는 스펙은 이 뿐만이 아닐 것이다. 군 생활을 돌아보고 자신이 군 생활을 하며 얻은 다른 스펙들을 찾아보자. 그리고 이를 통해 자신감을 얻고 꾸준히 도전하자. 분명 그 힘들다는 군 생활을 견뎌냈다면 사회에 나와서도 하지 못할 일은 없을 것이다.

괜찮아, 군대는 처음이잖아

초판 1쇄 인쇄 2018년 7월 30일

지은이 송지완
펴낸이 이혜경
기획 김혜림
편집 황인희
디자인 이지아
제작관리 김애진

펴낸곳 니케북스
출판등록 2014년 4월 7일 제300-2014-102호
주소 서울시 종로구 새문안로 92 광화문 오피시아 1717호
대표전화 (02) 735-9515
팩스 (02) 735-9518
전자우편 nikebooks@naver.com
블로그 nikebooks.co.kr
페이스북 www.facebook.com/nikebooks
인스타그램 www.instagram.com/nike_books/

© 니케북스, 2018

ISBN 978-89-94361-93-2 03190

책값은 뒤표지에 있습니다.
잘못된 책은 구입한 서점에서 바꿔 드립니다.